Reinaldo Polito

A INFLUÊNCIA da Emoção DO ORADOR

NO PROCESSO DE CONQUISTA DOS OUVINTES

3ª edição — 2001

Editora Saraiva

ISBN 85-02-03508-8

Dados Internacionais de Catalogação na Publicação (CIP)
(Câmara Brasileira do Livro, SP, Brasil)

Polito, Reinaldo
A influência da emoção do orador no processo de conquista dos ouvintes / Reinaldo Polito. — 3. ed. — São Paulo : Saraiva, 2001.

Bibliografia.
ISBN 85-02-03508-8

1. Emoções 2. Expressão corporal 3. Oratória 4. Persuasão (Retórica) 5. Retórica I. Título.

01-2101 CDD-808.51

Índices para catálogo sistemático:

1. Emoção e oratória : Retórica 808.51
2. Oratória e emoção : Retórica 808.51

Editora Saraiva

Avenida Marquês de São Vicente, 1697 — CEP 01139-904 — Barra Funda — São Paulo - SP
Tel.: PABX (11) 3613-3000 — Fax: (11) 3611-3308 — Fone Vendas: (11) 3613-3344
Fax Vendas: (11) 3611-3268 — Endereço Internet: *http://www.editorasaraiva.com.br*

Filiais

AMAZONAS/RONDÔNIA/RORAIMA/ACRE
Rua Costa Azevedo, 56 — Centro
Fone/Fax: (92) 633-4227 / 633-4782
Manaus

BAHIA/SERGIPE
Rua Agripino Dórea, 23 — Brotas
Fone: (71) 381-5854 / 381-5895
Fax: (71) 381-0959 — Salvador

BAURU/SÃO PAULO
Rua Monsenhor Claro, 2-55/2-57 — Centro
Fone: (14) 234-5643 — Fax: (14) 234-7401
Bauru

CEARÁ/PIAUÍ/MARANHÃO
Av. Filomeno Gomes, 670 — Jacarecanga
Fone: (85) 238-2323 / 238-1384
Fax: (85) 238-1331 — Fortaleza

DISTRITO FEDERAL
SIG QD 3 Bl. B - Loja 97 — Setor Industrial Gráfico
Fone: (61) 344-2920 / 344-2951
Fax: (61) 344-1709 — Brasília

GOIÁS/TOCANTINS
Av. Independência, 5330 — Setor Aeroporto
Fone: (62) 225-2882 / 212-2806
Fax: (62) 224-3016 — Goiânia

MATO GROSSO DO SUL/MATO GROSSO
Rua 14 de Julho, 3148 — Centro
Fone: (67) 782-3682 — Fax: (67) 782-0112
Campo Grande

MINAS GERAIS
Rua Padre Eustáquio, 2818 — Padre Eustáquio
Fone: (31) 3412-7080 — Fax: (31) 3412-7085
Belo Horizonte

PARÁ/AMAPÁ
Travessa Apinagés, 186 — Batista Campos
Fone: (91) 222-9034 / 224-9038
Fax: (91) 224-4817 — Belém

PARANÁ/SANTA CATARINA
Rua Conselheiro Laurindo, 2895 — Prado Velho
Fone/Fax: (41) 332-4894
Curitiba

PERNAMBUCO/PARAÍBA/R. G. DO NORTE
Rua Corredor do Bispo, 185 — Boa Vista
Fone: (81) 3421-4246
Fax: (81) 3421-4510 — Recife

RIBEIRÃO PRETO/SÃO PAULO
Rua Padre Feijó, 373 — Vila Tibério
Fone: (16) 610-5843
Fax: (16) 610-8284 — Ribeirão Preto

RIO DE JANEIRO/ESPÍRITO SANTO
Rua Visconde de Santa Isabel, 113 a 119 — Vila Isabel
Fone: (21) 577-9494 — Fax: (21) 577-8867 / 577-9565
Rio de Janeiro

RIO GRANDE DO SUL
Av. Ceará, 1360 — São Geraldo
Fone: (51) 343-1467 / 343-7563
Fax: (51) 343-2986 — Porto Alegre

SÃO PAULO
Av. Marquês de São Vicente, 1697
(antiga Av. dos Emissários) — Barra Funda
Fone: PABX (11) 3613-3000 — São Paulo

AGRADECIMENTOS

A minha mulher, Marlene Theodoro, pela dedicação com que sempre pesquisou os temas da comunicação, os quais foram de fundamental importância para o desenvolvimento das minhas aulas, das minhas palestras, dos meus livros, dos meus artigos e desta dissertação de mestrado.

A minha filha Rachel, que, ao longo desses últimos cinco anos, passou muitas noites e fins de semana decifrando meus "hieroglifos" e organizando a estética das minhas monografias.

A meu orientador, Prof. Dr. Laan Mendes de Barros, pela maneira competente e amiga com que me ajudou, desde o início do *lato sensu* até a conclusão de mestrado.

Ao diretor dos cursos de pós-graduação da Faculdade de Comunicação Social Cásper Líbero, Prof. Dr. Mitsuro Higuchi Yanaze, um amigo querido e um dos profissionais mais competentes que tive a felicidade de conhecer.

Aos professores e sempre amigos Dr. Cláudio Coelho e Dra. Heloiza Matos que me acompanharam desde o *lato sensu* até o final do mestrado.

Aos professores da minha escola — Jairo Del Santo Jorge, Sônia Corazza, André Luiz de M. Monteiro de Barros, Rosa Freitas e José Kairalla (*em memória*) — pela contribuição que deram ao ensino da arte de falar em público.

A todos os meus alunos, que, ao longo desses 25 anos, me mostraram, com as suas necessidades, quais os caminhos que eu deveria percorrer para pesquisar os métodos mais eficientes para o ensino da expressão verbal.

Ao Prof. Oswaldo Melantonio, que inspirou minha atividade profissional.

Dedico este livro a
Letícia Polito de Campos.

"Penetra surdamente no reino das palavras.
(...)

Chega mais perto e contempla as palavras.
Cada uma
tem mil faces secretas sob a face neutra
e te pergunta, sem interesse pela resposta,
pobre ou terrível, que lhe deres:
Trouxeste a chave?"

Carlos Drummond de Andrade

Conheça as obras do autor:

- *A influência da emoção do orador no processo de conquista dos ouvintes*
- *Um jeito bom de falar bem — como vencer na comunicação*
- *Assim é que se fala — como organizar a fala e transmitir idéias*
- *Como falar corretamente e sem inibições*
- *Gestos e postura para falar melhor*
- *Vença o medo de falar em público*
- *Como se tornar um bom orador e se relacionar bem com a imprensa*
- *Como falar de improviso e outras técnicas de apresentação*
- *Recursos audiovisuais nas apresentações de sucesso*
- *Técnicas e segredos para falar bem* (4 volumes) — esgotada
- *Como falar em público* (em fitas de áudio)

O Prof. Reinaldo Polito ministra o Curso de Expressão Verbal na R. Mariano Procópio, 226, Vila Monumento, São Paulo, SP — CEP 01548-020. Tel.: (0**11) 6168-7595.

@ Na Internet: **www.polito.com.br**
e-mail **contatos@reinaldopolito.com.br**

SUMÁRIO

PREFÁCIO

Apresentar o livro que Reinaldo Polito oferece agora à leitura, mais do que a simples introdução de idéias novas, em uma obra tão essencial quanto necessária, significa aproximar o leitor da descoberta de um universo inteiro de possibilidades, às vezes nem muito conhecidas dele. Ou, quando muito, se conhecidas, tais possibilidades são sempre imaginadas como de prática impossível por grande número de pessoas.

Ao longo dos anos o autor tornou-se muito mais do que um bem-sucedido profissional da fala. Mercê da refinada e cuidadosa metodologia, desenvolvida ao longo de décadas de pesquisa e experimento empírico, tornou-se um verdadeiro ícone da especialidade em que atua. De longe, ele é o principal nome no terreno da comunicação e da expressão em público.

Para isto, dedicou anos de sua vida ao intensivo trabalho com pessoas e grupos de pessoas, cuja necessidade diária de comunicação pessoal, principalmente nas organizações, tem apontado para a formulação de mecanismos sólidos e eficientes nesse terreno.

A persuasão, como se sabe, é uma arte. A partir da obra de Reinaldo Polito ela passa a ser entendida para além de sua simples natureza conceitual. Pois o entendimento que até então a colocava como utilidade de convencimento torna-se fundamento de uma sofisticada reutilização pela comunicação verbal. Esta, por sua vez, antes estudada na mais primitiva forma de entendimento, como modo elementar de aproximação e interação entre as pessoas, assume uma importância prática de relevo.

Cada vez mais, inúmeros profissionais têm necessidade de falar (e falar bem) em público, pois as instituições onde eles atuam necessitam, até por um dever social, estar junto a seus públicos, a seus consumidores, a suas audiências, enfim, perto de auditórios qualificados que, na maior parte das vezes, as justificam.

Tem sido esta necessidade, então, que faz demandar não apenas técnicas adequadas de comunicação, mas uma atitude, uma postura institucional, cujo grande efeito é fazer com que dirigentes e respectivos *staffs* falem com objetividade, eloqüência e empatia. Afinal, o aprendizado de falar em público é, antes de qualquer coisa, o treino pessoal da objetividade e da transparência social de cada um.

Reinaldo Polito descobriu profissionalmente essas necessidades e, bem cedo, começou a formular uma metodologia eficiente para supri-las. Seus cursos, desde então, têm sido altamente demandados, pois as instituições também descobriram nele a personificação do verdadeiro artífice que, como ninguém, sabe potencializar a capacidade de expressão individual de cada um de seus milhares de alunos.

O texto que ora se transforma na obra aqui apresentada advém de uma dissertação de mestrado que ele defendeu, com óbvio sucesso, na Faculdade Cásper Líbero, em São Paulo. Talvez por um capricho pessoal do autor, tenha querido ele seguir os passos usuais da burocracia acadêmica. Todavia, em face da qualidade das idéias, os conceitos abordados e a forma inédita mediante a qual os apresentou, seria de todo justificável que ele os tivesse enviado diretamente de sua mesa à editora, sem antes submetê-las ao crivo da universidade.

Mesmo assim, ganhou o meio universitário, por ter merecido privar com ele. Como ganhou, em particular, a Faculdade Cásper Líbero. Esta, a mais antiga instituição de ensino superior de comunicação no país, destaca-se tradicionalmente pelas inovações que propõe na área da cultura. Há mais de cinqüenta anos, por exemplo, era a pioneira no ensino de jornalismo. Nos últimos dez anos, foi a primeira a incluir em seus currículos uma disciplina nessa especialidade da comunicação pessoal com "platéias vivas".

Comunicar-se em público não é apenas discurso. Como essa prática também não se destina unicamente ao evento da persuasão. Pois não importa que platéias ou audiências de qualquer natureza simplesmente se deixem convencer de algo que se diz publicamente. Não. Tal gênero de comunicação, objeto das técnicas abordadas por Reinaldo Polito no presente livro, tem como objetivo o estudo da capacidade de exposição racional e eficiente das idéias, do entendimento por quem as ouve ou assiste e, naturalmente, do resultado que se espera delas.

O uso correto da emoção, da voz, do vocabulário, da expressão corporal, da retórica é um dos inúmeros temas abordados nesta obra. O autor, certamente, com ela poderá atingir uma outra multidão de novos interessados no assunto, estimulando-os a descobrir por que seu trabalho o transformou no mais importante nome da área conhecido no país.

Tupã G. Corrêa
Presidente da Associação Brasileira
de Escolas de Comunicação

APRESENTAÇÃO

O tema da pesquisa apresentada neste trabalho é "A influência da emoção do orador no processo de conquista dos ouvintes".

Os motivos que levaram à escolha deste tema, para a dissertação de mestrado, estão relacionados ao meu interesse pelo estudo da oratória e ao desenvolvimento da minha atividade profissional, à qual tenho me dedicado nestes últimos 25 anos.

Pelo fato de esta matéria estar, de maneira quase generalizada, fora dos currículos escolares e, quando incluída, ser tratada de forma superficial, sem a profundidade exigida por alguém que tivesse de usar o aprendizado como profissão, empreendi um estudo autodidata, a partir da observação, da prática e da leitura das obras mais importantes publicadas sobre esse tema ao longo da história.

A oratória é fascinante por sua beleza, por sua abrangência e, especialmente, por sua utilidade. Cada aspecto dessa arte milenar pode merecer sempre um estudo particular e profundo e se transformar num tema com importância independente dentro do assunto.

Considerei sempre um privilégio ter tido a oportunidade de testar na prática, com os milhares de alunos que passaram pela nossa escola, até que ponto os conceitos pregados pela teoria dariam ou não resultados; se necessitariam ou não de adaptações, ou por estarem distorcidos na sua essência, ou pelas diferenças culturais entre o local onde foram concebidos e o local em que seriam aplicados, ou por se deteriorarem com o tempo passado a partir da sua enunciação; se poderiam ser aproveitados com ou sem essas adaptações; ou se deveriam ser mesmo desprezados, por serem inúteis.

Alguns desses conceitos pareceram sempre tão óbvios que foram aplicados na prática naturalmente, com a certeza de que, pela sua clara eficiência, dariam resultado no desempenho e na conquista dos objetivos do orador.

O uso da emoção sempre foi recomendado pelos autores

Um conceito que, desde os mais remotos tempos, participa como orientação obrigatória para o sucesso da comunicação verbal, por parte de quase todos os estudiosos, é a influência da emoção do orador para que ele possa atingir seus objetivos, fazendo com que os ouvintes compartilhem suas idéias e sentimentos e ajam de acordo com sua vontade.

Só para que possamos verificar como os estudiosos pregaram esse conceito, desde o princípio, sem hesitar, vamos citar alguns exemplos a partir de livros que foram escritos em épocas distintas e que fizeram referência a esse tema.

A mais antiga obra de retórica que chegou até os nossos dias é *Arte retórica e arte poética*, de Aristóteles, escrita no século IV a.C. Essa obra já fala da importância da emoção do orador para a conquista dos ouvintes:

> *O estilo exprime as paixões, se, quando houve ultraje, a expressão é de um homem irado; se a ação é ímpia e vergonhosa, se adota o tom de um homem cheio de indignação e de reserva nas palavras. Se a matéria é elevada, falar-se-á com admiração. Se é digna de compaixão, usar-se-ão termos de humildade. E o mesmo nos demais casos. O que contribui para persuadir é o estilo próprio do assunto. Neste caso, o ânimo do ouvinte conclui falsamente que o orador exprime a verdade, porque em tais circuns-*

tâncias os homens são animados de sentimentos que parecem ser os seus; e se mesmo que assim não seja, os ouvintes pensam que as coisas são como o orador diz. Acresce ainda que o ouvinte compartilha dos sentimentos do orador que fala de maneira patética, mesmo que o discurso careça de fundamento. Por isso muitos oradores impressionam o ânimo dos ouvintes, fazendo simplesmente ruído.[1]

As observações de Aristóteles deixam claro que a emoção do orador é de fundamental importância para influenciar o ânimo do ouvinte. O autor chega mesmo a afirmar que esse objetivo pode ser conseguido apenas com ruído, sem que apresente conteúdo. E entendemos ruído, aqui, como sendo a intensidade da voz e o exagero da expressão corporal, que aparentemente têm forte apelo emocional.

Prosseguindo no tempo, podemos nos deter nas *Instituições oratórias*, de Quintiliano, obra escrita no primeiro século da Era Cristã, e que é importante como exemplo, neste momento, porque foi produzida cerca de 500 anos depois da *Arte retórica* de Aristóteles e teve o cuidado de aproveitar todos os estudos relevantes desenvolvidos sobre a oratória até a sua época.

Também Quintiliano exalta a importância da emoção do orador no processo de conquista dos ouvintes:

> *Posso eu porventura esperar que o juiz se condoa de um mal, que eu conto sem dor alguma? Indignar-se-á vendo que eu mesmo, que o estou excitando a isso, sou o que menos me indigno? Fará parte das suas lágrimas a um advogado, que está orando com os olhos enxutos? Isto pode ser tanto, como queimar o que não é fogo, molhar o que não é úmido e dar cor o que não a tem. Primeiro, pois, devem valer para conosco as coisas, que queremos tenham força para*

1. Aristóteles, *Arte retórica e arte poética*, p. 220.

com os outros, e apaixonarmo-nos a nós mesmos antes que apaixonemos os outros.[2]

Quintiliano prega com essas afirmações que a coerência da mensagem e do comportamento do orador é fundamental para que tenha autoridade para envolver os ouvintes.

Chegando a época mais recente, podemos nos valer dos estudos de Roman Jakobson, que, em sua obra *Lingüística e comunicação,* trata das seis funções da linguagem: referencial, emotiva, conotativa, fática, poética e metalingüística.

Embora a função emotiva seja o motivo principal da nossa análise, por ser este o objetivo do nosso estudo, não podemos nos furtar de alguns comentários sobre cada uma delas, o que faremos mais à frente, no Anexo 1.

O próprio Jakobson chama a atenção para a importância de se considerar a participação de todas as funções:

> *A diversidade reside não no monopólio de alguma dessas diversas funções, mas numa diferente ordem hierárquica de funções. A estrutura verbal de uma mensagem depende basicamente da função predominante. Mas conquanto um pendor para o referente, uma orientação para o contexto — em suma a chamada função referencial, "denotativa", "cognitiva" — seja a tarefa dominante de numerosas mensagens, a participação adicional de outras funções em tais mensagens deve ser levada em conta pelo lingüista atento.*[3]

No momento vamos nos ater à função emotiva por estarmos tratando dos autores que se referem à emoção ao longo da história. Vamos nos orientar pelas palavras exatas de Jakobson, para que possamos entender bem o conceito da função emotiva:

---

2. M. Fábio Quintiliano, *Instituições oratórias*, v. 1, p. 336.
3. Roman Jakobson, *Lingüística e comunicação*, p. 123.

> *A chamada função emotiva ou "expressiva", centrada no remetente, visa a uma expressão direta da atitude de quem fala em relação àquilo de que está falando. Tende a suscitar a impressão de uma certa emoção, verdadeira ou simulada; por isso o termo "função emotiva", proposto e defendido por Marty*, demonstrou ser preferível a "emocional".*[4]

Finalmente, para confirmar que nas nossas pesquisas sobre a arte de falar sempre nos deparamos, desde o princípio até os dias atuais, com obras que afirmam ser a emoção do orador importante na conquista dos seus objetivos, podemos observar um livro recente (1997), de autoria de um advogado americano, Gerry Spence, que em mais de 40 anos de carreira nunca perdeu uma única causa criminal. Em *Como argumentar e vencer sempre*, diz esse autor:

> *Concentradas em seus sentimentos, as pessoas que estão dizendo a verdade falam com o coração, que é incapaz de compor precisamente o raciocínio linear de um cérebro laborioso. E ao ouvir o que é expresso pelo coração o ouvinte também é levado a ouvir com o coração. O fato de o orador apresentar o argumento com frases mal construídas e falhas na escolha das palavras mais adequadas não serve de medida para o poder da argumentação. Devo repetir: O poder emana da zona do coração.*[5]

O autor trata da emoção no sentido figurado quando se refere ao coração. Sua explicação é um exemplo em si mesmo de como a emoção pode ser apresentada por meio das palavras.

---

* Mara Marty, Untersuchungen zur Grudlegung der Allergemeinen Grammatik und Sprachphilosophie, v. 1 (Haller, 1908) – Nota de rodapé do livro *Lingüística e comunicação*, de Roman Jakobson.

4. Roman Jakobson, *Lingüística e comunicação*, p. 123 e 124.

5. Gerry Spence, *Como argumentar e vencer sempre*, p. 157.

Vemos, assim, que todas essas obras, tomadas como exemplos entre várias outras que poderiam ser mencionadas, desde as mais antigas até as mais recentes, fazem afirmações que mostram a importância da emoção do orador como elemento de conquista dos ouvintes, mesmo quando tratada no sentido figurado.

Embora pareça claro e aparentemente inquestionável esse aspecto da comunicação, as conclusões dos autores foram tiradas ou de suas próprias experiências e reflexões ou de cópia pura e simples do que seus predecessores já tinham afirmado, sem uma pesquisa que pudesse dar respaldo a essa importante questão.

Como também comungamos do pensamento dos autores que se referiram a esse assunto e tenhamos recomendado às pessoas que usem a emoção nas suas apresentações, para que possam atingir resultados mais eficientes, julgamos oportuno realizar uma pesquisa que pudesse ajudar a esclarecer a efetiva influência da emoção nos ouvintes.

É importante esclarecer que, em diversas passagens do trabalho, estaremos fazendo referência a questões relacionadas à "conquista dos ouvintes", expressão que pode transmitir conotação própria da manipulação. Por isso, julgamos oportuno, já no princípio, esclarecer o nosso posicionamento com relação à ética que deverá nortear sempre as ações do orador. Consideramos que, em qualquer situação, o procedimento do orador deverá respeitar a inteligência e a capacidade de interpretação dos ouvintes.

Assim, os recursos oratórios adotados terão como objetivo facilitar o entendimento dos ouvintes e desarmá-los de possíveis resistências que dificultem a análise mais isenta dos assuntos abordados, nunca o de enganá-los, ludibriá-los, enfraquecê-los ou desconsiderá-los.

Introdução

O tema e o problema da pesquisa

A delimitação do tema

Para que o problema a ser solucionado pudesse ser determinado com clareza, permitindo que a pesquisa fosse elaborada de maneira correta, com objetivos definidos e a indicação precisa das informações que deveriam ser encontradas, foi importante refletir sobre qual delimitação seria mais apropriada para o tema "A influência da emoção do orador no processo de conquista dos ouvintes".

Como o assunto é abrangente, e por isso apresentava o risco de que o estudo pudesse ser desenvolvido em diferentes direções, vários aspectos foram afastados, para permitir a identificação dos limites que deveriam ser considerados.

A primeira e talvez mais importante decisão foi a de estabelecer que apenas a emoção do orador deveria ser analisada, pois, se o tema mencionasse a emoção sem identificar a quem se referia, além da emoção do orador, a dos ouvintes também precisaria ser incluída.

Se essa ampliação tivesse participado dos objetivos do estudo, a pesquisa não poderia se concentrar somente nos aspectos relacionados ao orador, mas sim alargar seu campo de atuação também para os ouvintes, levando em conta todos os diversos conceitos referentes à recepção.

Julgamos que, pela importância e profundidade do assunto, esse tema deveria merecer uma pesquisa específica, que tivesse a preocupação de estudar principalmente os aspectos referentes à emoção dos ouvintes.

Entretanto, qualquer estudo que desejasse analisar a influência da emoção do orador e que não considerasse os avanços da teoria da recepção, estaria deixando uma grande lacuna em sua avaliação. Por isso, reservamos uma parte do trabalho para esclarecer, a partir de importantes estudiosos dessa teoria, qual sua participação no processo de comunicação.

Ao se referirem à *Arte retórica*, de Aristóteles, Cohen et al., em *Pesquisas de retórica*[6], dividem as provas psicológicas em duas vertentes: *ethe e pathe*. *Ethe* corresponde às características e atributos do orador; *pathe*, ao contrário, não se identifica com o orador, mas trata dos afetos da platéia.

Ethe são os atributos que o orador deve *mostrar* aos ouvintes, para que estes fiquem bem impressionados. E a expressão *mostrar* é importante, neste contexto, porque o que conta mesmo, nesta análise, são as aparências.

Retomando as *aparências* que Aristóteles considera na constituição dos atributos que dão credibilidade ao orador, sabemos que:

- *Phronesis* — é a qualidade da sensatez, do equilíbrio, da ponderação; é a competência para analisar os diversos ângulos de uma questão.
- *Arete* — é a qualidade de dizer exatamente o que pensa, sem rodeios, sem se preocupar com o que lhe poderá ocorrer com essa atitude.
- *Eunoia* — é o cuidado para não estabelecer confronto com os ouvintes, a capacidade de mostrar-se solidário às preocupações, às expectativas e às aspirações da platéia.

Com esse conjunto de atributos, o orador consegue ser acompanhado nas suas idéias (*phronesis*), admirado e estimado pelas suas atitudes (*arete*) e amado pelo seu comportamento (*eunoia*).

Podemos, portanto, definir que a preocupação da nossa pesquisa foi com *ethe*, pois refere-se na comunicação aos atributos (*phronesis*, *arete* e *eunoia*) do orador.

Embora as conclusões da nossa pesquisa possam ser utilizadas também para a comunicação entre duas pessoas, a deli-

---

6. Jean Cohen et al., *Pesquisas de retórica*, p. 203 e 204.

mitação do tema procurou esclarecer que o estudo estava levando em conta a presença "dos ouvintes", ficando evidente que se tratava da comunicação para um grupo de pessoas cujas características são diferentes da comunicação interpessoal.

O fato de o tema se referir ao orador deixa claro também que se trata de uma pessoa que usa a palavra diante de uma platéia, não sendo, portanto, um comunicador, um apresentador ou um expositor, que poderia ser confundido com aquele que fala ou conversa também com apenas uma pessoa.

Finalmente, a escolha pela expressão "processo de conquista" indica que o objetivo da nossa pesquisa foi o de identificar a atenção, a benevolência e a docilidade dos ouvintes, pois é de se supor que, estando a platéia atenta, benevolente e dócil com relação ao comportamento do orador, estará mais propensa a aceitar seus argumentos do que se estivesse desatenta e resistente.

E aceitar os argumentos do orador aqui, mais uma vez ressaltamos, não significa manipular o ouvinte para que ele seja de alguma maneira enganado, mas sim para que esteja desarmado de resistências para poder avaliar a idéia.

A identificação do problema

Após essas reflexões, para que o tema fosse apresentado dentro dos limites apropriados para o desenvolvimento da pesquisa, foi possível identificar qual o problema que deveria ser estudado. Assim, o que a pesquisa procurou responder foi:

"De que maneira e em que medida a emoção do orador influencia no processo de conquista dos ouvintes?"

Partimos do princípio de que a emoção do orador tem influência no processo de conquista dos ouvintes, mas procuramos identificar até que ponto ou quanto desse processo de conquista pode ser creditado à emoção.

Mesmo tendo delimitado o tema e o problema, para que a pesquisa fosse elaborada com objetivos bem definidos, outras questões importantes puderam ser analisadas e para as quais o estudo procurou encontrar esclarecimentos:

- Quais são os aspectos da comunicação mais utilizados para que o orador demonstre a sua emoção? É a voz? O vocabulário? A expressão corporal? A mensagem? A ordenação do discurso? A naturalidade? Ou a conjugação de alguns desses e de outros fatores?
- A emoção tem mais influência quando utilizada no início da apresentação, no corpo da fala, na conclusão, ou em todo o discurso?
- A emoção tem mais influência quando acentuada nos aspectos relacionados ao tema, ao próprio orador, aos ouvintes, ou a outras circunstâncias?

A resposta para cada uma dessas questões tem importância em si mesma, mas principalmente pode auxiliar na busca da solução do problema principal, identificado como objeto deste estudo.

Hipótese

A partir da determinação do problema (de que maneira e em que medida a emoção do orador influencia no processo de conquista dos ouvintes?), tornou-se possível elaborar a hipótese, que é, em última análise, a solução possível para a questão levantada.

Os autores que se dedicaram ao estudo da metodologia e das técnicas de pesquisa científica são unânimes em considerar a hipótese como um dos elementos essenciais para que o pesquisador possa encontrar o verdadeiro objetivo da sua pesquisa. Ao determinar a hipótese, todo o trabalho de pesquisa se concentrará na procura de informações e argumentos que confirmem ou não a solução prevista.

Goldenberg, em *A arte de pesquisar: como fazer pesquisas qualitativas em ciências sociais*, afirma que "*Hipóteses são afirmações provisórias a respeito de determinado fenômeno em estudo. Uma hipótese é uma suposição duvidosa, algo provável, que poderá ser posteriormente confirmada ou rejeitada".*[7]

Ruiz, na obra *Metodologia científica: guia para eficiência nos estudos*, chama a atenção para a importância da hipótese e das precauções que o pesquisador deve ter em sua elaboração:

> *A hipótese tem função muito importante no complexo de toda pesquisa científica. É ela que fixa uma diretriz capaz de impor ordem e finalidade a todo o processo da experimentação. O cientista não trabalha ao sabor do acaso, mas possui metas, elementos, idéias, pontos definidos aos quais pretende chegar. O cientista caminha em suas pesquisas guiado por hipóteses.*[8]

Fica evidente que a formulação da hipótese teve importância fundamental para determinar os rumos desta pesquisa, e que foi a partir dela, independentemente do fato de ter sido ou não confirmada, que o autor sustentou seus pontos de vista.

A hipótese que responde diretamente ao problema formulado foi que "A emoção do orador **tem** influência determinante no processo de conquista dos ouvintes e sua ação depende de um conjunto de aspectos da comunicação que se alternam no comportamento do orador e que atuam com evidência, ora de maneira simultânea, ora de forma isolada".

Hipóteses secundárias

Também para as outras questões levantadas — e para as quais a pesquisa procurou encontrar respostas e esclarecimentos —, foram formuladas hipóteses.

Para o problema: Quais são os aspectos da comunicação mais utilizados para que o orador demonstre a sua emoção? É a voz? O vocabulário? A expressão corporal? A mensagem?

---

7. Mirian Goldenberg, *A arte de pesquisar: como fazer pesquisas qualitativas em ciências sociais*, p. 79.
8. João Álvaro Ruiz, *Metodologia científica: guia para eficiência nos estudos*, p. 54.

A ordenação do discurso? A naturalidade? Ou a conjugação de alguns desses e de outros fatores?

A hipótese foi: Os aspectos da comunicação mais utilizados para que a emoção do orador seja demonstrada são a voz e a expressão corporal.

Para o problema: A emoção tem mais influência quando utilizada no início da apresentação, no corpo da fala, na conclusão ou em todo o discurso?

A hipótese foi: A emoção do orador tem mais influência quando utilizada na conclusão do discurso.

Para o problema: A emoção tem mais influência quando acentuada nos aspectos relacionados ao tema, ao próprio orador, aos ouvintes ou a outras circunstâncias?

A hipótese foi: A emoção tem mais influência quando acentuada nos aspectos relacionados aos ouvintes.

Justificativas e objetivos

Justificativas

As apresentações orais, até pouco tempo, se limitavam a algumas atividades específicas. De maneira destacada, falavam em público os profissionais da área do Direito, nos julgamentos, especialmente nas sustentações orais; os políticos, durante as campanhas e nas câmaras dos deputados, dos vereadores e do senado; os pregadores religiosos; os professores; os locutores de rádio e apresentadores de televisão. Afora esses, poucas eram as pessoas que necessitavam falar em público.

Devemos considerar também que, por mais de 20 anos, o Brasil viveu sob o regime autoritário, em que as organizações também se fechavam e se voltavam para dentro.

Valter Nori, um dos mais conceituados profissionais de relações públicas (ocupou a gerência e a vice-presidência de comunicação de empresas como Rhodia, Souza Cruz, Scania e Embraer), autor do livro *Portas abertas*, em que relatou sua experiência em abrir as portas da Rhodia para o mercado, onde atuava como gerente de comunicação, revelou-nos, durante entrevista que fizemos como parte do trabalho para a disciplina "Análise de campanhas: do *briefing* ao *recall*", ministrada pelo Prof. Dr. Mitsuro Higuchi Yanaze, que a preparação dos executivos da multinacional francesa no campo da comunicação teve que se iniciar praticamente do zero. Segundo Nori, alguns afirmavam, ingenuamente, que, se a empresa quisesse aparecer numa matéria jornalística, em qualquer órgão de imprensa, bastaria pagar. Ora, se o nível de desconhecimento dos executivos sobre o relacionamento com a imprensa chegava a esse ponto, por causa dos longos anos de ostracismo, é possível deduzir a falta de habilidade para fazer apresentações orais em público.

Nori disse que seu trabalho de abertura da Rhodia para o mercado ocorreu simultaneamente com o de outras empresas, em especial as multinacionais, na época em que o país iniciava o processo de abertura política. A economia seguiu os mesmos passos e também começou sua abertura, com as empresas naturalmente percorrendo o mesmo caminho.

De meados da década de 1980 para cá, ocorreu uma verdadeira revolução no mundo, no país, no mercado e na comunicação. Com o processo da globalização, o aprimoramento da tecnologia, a nova e devastadora concorrência, todos, sem exceção, precisaram falar cada vez mais. Nas reuniões, nas negociações, nas entrevistas, nas palestras das convenções, em todos os lugares, empresas grandes e pequenas estão sempre às voltas com as apresentações em público dos seus executivos.

Não se admite mais a presença do principiante despreparado quando é necessário representar as organizações para lançar seus produtos ou falar dos novos planos estratégicos. Todos sabem que, se aquele que fala em nome da empresa não se sair bem na apresentação, a imagem da instituição é que sofrerá o prejuízo. Por isso, as organizações, a cada dia, investem mais no aprimoramento da comunicação dos seus empregados, principalmente no daqueles que precisam fazer apresentações em público com maior freqüência.

Timm e Stead, no livro *Communication skills for business and professions*, dizem que:

> *As profundas mudanças no plano econômico e no campo dos negócios ora em andamento nos países industrializados em todo o mundo estão alterando de forma radical o mundo do trabalho. A demanda no mercado por habilidades de comunicação está em alta (...)*
>
> *(...) A organização do futuro exigirá mais do que nunca a necessidade de monitorar constantemente a "temperatura" organizacional! Os líderes constantemente procurarão apenas a mistura certa de força de trabalho com uma combinação perfeita de habilidades. Para fazer isso terão que ser comunicadores excelentes — pessoas que podem dar sentido a uma montanha de informação e criar entendimento entre as muitas facções cooperativas.*[9]

A maneira como cada um se apresenta em público passou a ser motivo de análise e estudos detalhados, visando sempre o aperfeiçoamento da comunicação. De todos os aspectos analisados para medir a eficiência da comunicação, um dos mais importantes, e que produz maior dúvida, é aquele que diz respeito à decisão de se apresentar usando apenas os recursos racionais, ou com o auxílio da emoção.[10]

A dúvida surge porque sempre se propagou que as apresentações técnicas ou de negócios deveriam ser sérias, feitas apenas para a razão.

Assim, o resultado desta pesquisa poderá contribuir para que as pessoas possam decidir qual a maneira mais eficiente de fazer suas exposições em público.

Além dos empregados, principalmente os executivos, que fazem apresentações nas empresas, outros profissionais que

---

9. Paul R. Timm, James A. Stead, *Communication skills for business and professions*, p. 11 e 13.

10. É importante destacar sempre que o fato de a emoção participar naturalmente das apresentações racionais, e vice-versa, será desconsiderado no nosso estudo, valendo, portanto, a intenção da atitude.

sempre precisam falar em público, como os políticos, os professores e os profissionais liberais, que necessitam se expor em congressos e jornadas científicas para proferir conferências, também poderão se beneficiar com o resultado deste trabalho.

Saber até que ponto a emoção tem influência no processo de conquista dos ouvintes e que aspectos da comunicação do orador participam mais ativamente nesse envolvimento com a platéia será, sem dúvida, muito útil para o sucesso da comunicação desses profissionais. Além desses objetivos concretos, conforme já foi dito na introdução desta dissertação, este estudo poderá contribuir para a pesquisa de um tema que apresenta tão poucos trabalhos para sua análise e compreensão.

Objetivos

Quando um orador se apresenta diante de uma platéia, poderá encontrar diversos obstáculos para obter sucesso com a sua comunicação.

Os ouvintes poderão estar resistentes ao assunto que será abordado, por se sentirem prejudicados com as propostas da mensagem; poderão estar se sentindo desconfortáveis no ambiente, devido a temperatura, ruídos, compromissos assumidos fora daquele local, cansaço, fome e uma série de outros motivos; ou poderão apresentar hostilidade com relação à própria pessoa que se apresenta para falar.

Todos os autores mencionados neste trabalho, de Aristóteles a Perelman, tratam dessa questão e afirmam que o orador deve ter como objetivo a conquista da docilidade do ouvinte, que é o fato de ele não ficar resistente à apresentação; a conquista da atenção, que é o interesse que deverá estar presente durante toda a exposição; e a conquista da benevolência, que é o fato de o ouvinte torcer, de estar simpático ao orador.

Todos esses elementos são apresentados e estudados isoladamente, como de fato devem ser dentro de um processo didático, mas, na realidade, eles interagem e se complementam desde o princípio até o final de uma exposição.

Com a pesquisa que empreendemos, esperamos avaliar como a emoção do orador influencia em todo esse processo de conquista do ouvinte, fazendo com que ele se torne atento, dócil e benevolente ao orador, ao assunto e ao ambiente, o que poderá, por exemplo, ajudar o professor em sala de aula, que, hoje, com a maior liberdade de participação e de comportamento dos alunos, precisa conquistá-los para que se envolvam com a sua disciplina.

Além da aplicação em si, pelo próprio orador, esta pesquisa poderá auxiliar na análise do comportamento dos pregadores religiosos, que usam a emoção como um dos principais recursos da sua comunicação, e na do comportamento dos políticos, que, com o amadurecimento do eleitorado, procuram encontrar novas formas para comunicar sua mensagem e conquistar os votos de que precisam.

Esperamos, por fim, que esta pesquisa seja útil no sentido de encontrar subsídios para aprimorar o processo de comunicação das pessoas que estão sempre, cada vez mais, precisando falar em público.

1

Explicitação do quadro teórico e revisão da literatura

1.1 Histórico

Ao proceder ao levantamento histórico para saber que tipo de pesquisa já foi realizada para analisar e verificar qual a influência da emoção do orador no processo de conquista dos ouvintes, observamos que efetivamente muito pouco foi feito. As conclusões dos autores que trataram do assunto se baseiam em suas reflexões e observações pessoais, mas não fazem referência a nenhuma pesquisa que tenha sido elaborada com o objetivo de medir a influência da emoção do orador.

Um livro importante, no conjunto das obras analisadas, é o dos doutores em filosofia Karlins e Abelson, *Persuasão — como modificar opiniões e atitudes,* que relaciona as diversas pesquisas realizadas nos Estados Unidos, por cientistas sociais, com o objetivo de constatar se as afirmações feitas, às vezes até com muita segurança sobre o resultado de determinadas atitudes ou ações, são falsas ou verdadeiras.

Algumas dessas pesquisas chegam próximo ao nosso tema, ajudam a refletir sobre ele, mas não são específicas sobre o assunto. A grande contribuição dessa obra para o nosso estudo está principalmente na extensa citação bibliográfica, que contém pesquisas elaboradas pelos mais renomados psicólogos e cientistas sociais sobre persuasão, já que os autores não fazem nenhuma referência concreta a respeito da emoção do orador, que, com certeza, teria sido mencionada se fizesse parte de algum dos trabalhos relacionados.

Por ter sido a obra que mais se aproximou do objetivo do nosso estudo, julgamos oportuno destacar quais das 32 pesquisas relacionadas pelos autores chegaram mais próximo do nosso tema e discutirmos, a partir das suas conclusões, se podemos considerar algum benefício para o nosso projeto.

A pesquisa que mais se aproximou do objetivo do nosso tema foi a que procurou responder à seguinte questão:

As técnicas emocionais são mais eficazes do que as realistas?[11]

Os autores ponderam que é muito difícil concluir se são as mensagens emocionais ou as factuais que exercem maior influência nos ouvintes e dizem ser surpreendente o fato de uma questão relevante como esta não estar sendo pesquisada.

De todos os estudos que encontraram, o mais conhecido e o que se reveste de maior importância é o realizado por George Hartmann na década de 30. Além desse estudo, os autores mencionam outros que trataram do mesmo tema para que pudessem ser comparados. Vamos transcrever os diversos estudos da pesquisa e suas conclusões, para que possamos, a partir dos objetivos do nosso projeto, fazer os comentários:

> ***I*** *— Foi realizado um estudo sobre a influência das técnicas emocionais e fatuais no comportamento dos eleitores durante o pleito de 1936. Antes das eleições, o pesquisador elaborou dois panfletos, ambos concitando os cidadãos a votarem nos candidatos do Partido Socialista. O panfleto com conotações emocionais compreendia a descrição das conseqüências danosas de uma derrota socialista. O panfleto racional descrevia a plataforma política do partido socialista. Na cidade onde se realizou a pesquisa, um terço das famílias dos bairros receberam os panfletos emocionais; o outro terço panfletos racionais; as restantes foram utilizadas como controle, não recebendo nenhum dos panfletos.*
>
> ***Resultados:*** *Os candidatos socialistas conseguiram resultados positivos em todos os bairros, no ano de 1936, superando os pleitos anteriores. Entretanto, os bairros*

11. Embora saibamos que seria praticamente impossível a existência de qualquer atividade humana sem nenhum traço de emoção, vamos entender essa distinção de emocional e realista como sendo a intenção da ação.

onde foram distribuídos os panfletos emocionais apresentaram uma votação em favor dos socialistas maior do que nas eleições anteriores; os bairros submetidos aos fatuais apresentaram a segunda melhor votação em favor dos socialistas, e os bairros que não receberam panfletos apresentaram a menor votação. O autor concluiu que houve predominância da técnica emocional (Hartmann, 1936).

II *— Outra pesquisa confirmou a eficácia da mensagem emocional, baseando-se na demonstração de que a atitude popular em relação ao imposto de renda excessivo podia ser modificada. Foram distribuídas cópias de três panfletos, escritos de modo a orientar a opinião pública contra o aumento do imposto de renda, com a solicitação de que fossem lidos. No dia seguinte, realizou-se uma pesquisa para verificar os resultados.*

Resultados: *Os argumentos moderados de um dos panfletos não produziram os mesmos efeitos, sobre a opinião pública, dos argumentos emocionais dos demais panfletos (Associação de Pesquisa de Opinião, 1952).*

III *— Distribuíram-se a três grupos de universitários três artigos de conteúdo diverso, sobre punições aplicadas a criminosos, de modo que cada grupo julgasse estar lendo os mesmos textos. Os artigos continham a mesma conclusão, segundo a qual os criminosos devem ser punidos com rigor por seus delitos, porém as evidências eram diversas. Um dos textos utilizou a técnica emocional — destinada a provocar um sentimento desfavorável em relação aos criminosos. Descrevia com pormenores casos impressionantes e prevenia o leitor para que protegesse a si e a sua família contra a crescente onda de crimes. O segundo apresentou uma técnica racional, omitindo a descrição de casos reais, e baseava-se não em dados estatísticos, mas em fatos e argumentos lógicos em favor da tese da punição severa. O leitor era prevenido no sentido de considerar "a análise racional, deixando de lado os sentimentos" para formar sua opi-*

nião. O terceiro texto, de cunho emocional-racional, era uma combinação dos dois primeiros, e destinava-se a "... provocar inicialmente as mesmas emoções e motivações do texto exclusivamente emocional, e apelar então para os dons intelectuais e críticos do leitor, como fazia a mensagem racional".

Logo após lerem o artigo, os estudantes preencheram diversos questionários, inclusive um teste destinado a avaliar suas atitudes em relação ao assunto. Duas semanas depois, o teste foi reaplicado. Nessa ocasião, participava também um quarto grupo (de controle), que ainda não havia lido nenhum dos textos.

***Resultados:** Qual das três técnicas foi mais bem sucedida na aceitação dos argumentos de que os criminosos devem ser rigorosamente punidos por suas faltas? De maneira geral, pareceu que a técnica racional foi mais eficaz do que a emocional na alteração de opiniões. Os alunos que leram o texto emocional apresentaram uma posição muito menos punitiva do que os alunos que leram os dois outros artigos. Além do mais, não se verificaram diferenças de opinião entre os estudantes que leram o artigo racional* versus *emocional-racional, fato que (...) ressalta o poder e a eficácia dos argumentos racionais, já que a inclusão de apelos aos sentimentos agressivos não levaram a uma atitude punitiva.*

*A supremacia da técnica racional (em oposição à emocional) foi, contudo, temporária. Duas semanas mais tarde, os três grupos expressaram opiniões semelhantes sobre o tratamento dispensado a criminosos — a despeito do artigo que haviam lido (Weiss, 1960)**.

Outras pesquisas confirmaram essa superioridade da técnica fatual sobre a emocional (Bowers, 1963; Carmichael & Cronkhite, 1965; Weiss & Liberman, 1959). Carmichael e Cronkhite acentuaram que o poder

* Todos os grupos que leram os artigos adotaram uma posição mais punitiva em relação aos criminosos, em comparação com os que não os leram (grupo de controle) – nota do livro.

de uma mensagem poderia depender da disposição momentânea da audiência — observação importante, muitas vezes relegada pelo pesquisador.

Discussão

Não podemos deduzir de maneira precisa a superioridade das técnicas emocionais ou fatuais. Algumas pesquisas defendem a primeira, outras a segunda. Grande parte da dificuldade em se tirar conclusões das pesquisas realizadas consiste na falta de concordância, verificada entre os pesquisadores, quanto à definição e diferenciação das técnicas racionais e emocionais. Como acentua um deles, estas não são as únicas alternativas (Hovland, 1954). Por exemplo, uma técnica emocional pode interessar a uma pessoa em relação a determinado problema, a ponto de levá-la a examinar os fatos. Não existe uma regra quanto à sua utilização. Isso depende do assunto a ser discutido e da constituição da audiência.*[12]

Embora as experiências descritas tratem de situações de mensagens impressas, podemos projetar as mesmas considerações para a comunicação oral.

Como podemos observar, os autores dizem que não se pode afirmar se a técnica emocional ou a factual tem mais influência sobre as pessoas. Dizem ainda que, na opinião dos pesquisadores, é tão grande a dificuldade para a realização de pesquisa sobre essa questão, que jamais poderemos chegar a uma conclusão definitiva sobre a predominância das técnicas emocionais ou factuais.

Esse estudo foi mencionado porque, conforme já comentado, é o que mais se aproxima do nosso tema, por analisar a influência da emoção nas pessoas. Embora não se trate de uma

---

* Alguns pesquisadores acham que, devido à dificuldade de se pesquisar a questão, jamais poderemos tirar conclusões positivas acerca da superioridade relativa das técnicas emocionais ou factuais – nota do livro.

12. Marvin, Karlins e Herbert I, Abelson, *Persuasão – como modificar opiniões e atitudes*, p. 46-50.

pesquisa que analisa a influência da emoção do orador diante de uma platéia, discute a relevância da emoção no processo de comunicação, mostra a falta de pesquisa nesse campo e a dificuldade que os pesquisadores sempre tiveram para chegar às conclusões.

Outra pesquisa, mencionada nesta obra, é sobre a influência do humor no processo de persuasão.

Embora tenhamos optado por não transcrever a pesquisa, por se tratar de um tema que, mesmo estando intimamente ligado à emoção, não teve a intenção de medir a ação emocional em comparação com outra mais racional, consideramos oportuno mencionar sua conclusão.

A questão apresentada foi: *É possível utilizar uma mensagem satirizando a censura como recurso para alterar as opiniões acerca dela?*

A conclusão da pesquisa realizada pelo Dr. Gruner é a seguinte: *O humor não é um recurso persuasivo convincente.* Mas Karlins e Abelson ressalvam que, como são poucas as pesquisas sobre esse assunto, não se surpreenderiam se surgisse um estudo com resultado diferente.

Mais uma vez temos um estudo tratando de emoção que, mesmo não sendo a emoção do orador e em contexto diferente da proposta do nosso projeto, mostra também a escassez das pesquisas e a dificuldade de se chegar a conclusões definitivas.

Foram muitos os livros consultados com o objetivo de obter informações que pudessem auxiliar na elaboração do nosso trabalho, e em nenhum foi mencionada uma pesquisa que esclarecesse sobre a influência da emoção do orador no processo de conquista dos ouvintes.

As obras consultadas, relacionadas na bibliografia, mostraram, entretanto, quais são os aspectos da comunicação que precisam ser considerados quando desejamos analisar a qualidade do orador. Para que pudéssemos sistematizar o trabalho de pesquisa, julgamos apropriado estabelecer conceitos para cada um dos aspectos da comunicação e, a partir deles, medir a qualidade do orador. Os conceitos foram atribuídos com notas que variaram de zero a cinco.

1.2 Léxico instrumental

Os aspectos mais importantes da comunicação do orador e que serviram de apoio para a nossa pesquisa são:

Emoção	
Voz	Dicção Volume Velocidade Ritmo Sonoridade Pausa
Vocabulário	Amplitude Propriedade Gramática Tiques
Expressão corporal	Pernas Tronco Braços e mãos Fisionomia e olhos
Retórica	Introdução Preparação Assunto central Conclusão
Particularidades	Traje Naturalidade Estilo

1.3 Emoção

Por ser o objetivo principal de análise desta dissertação, a emoção foi estudada com maior profundidade do que os outros aspectos da comunicação.

Por isso, além da explicação do critério utilizado para cada conceito, iremos estudar, à luz da teoria de pesquisadores como Reich e Maturana, como a emoção participa do processo de comunicação.

Entendendo qual é a origem da emoção e como ela se manifesta, estaremos em melhor condição de avaliar de que maneira ela se apresenta na comunicação do orador e se a sua presença tem influência na conquista dos ouvintes.

1.3.1 O conceito e o papel da emoção

Para além das limitações da linguagem

A emoção pode ser percebida, pode ser sentida, mas dificilmente pode ser definida ou descrita.

Mesmo quem a esteja sentindo, embora possa expressá-la, interpretá-la ou comunicá-la, independentemente das palavras, uma vez que pode transmiti-la também pelo silêncio, com a expressividade de uma pausa ou de um olhar, não consegue descrevê-la.

Na sua obra *Análise do caráter*, Reich, ao explicar a função da emoção, afirma no início que:

> *definida literalmente, a palavra "emoção" significa "movimento para fora" ou "expulsão". Assim, não somente podemos como devemos usá-la no sentido literal para nos referirmos a sensações e movimentos (...). Alguma coisa no sistema vivo "pressiona a si mesma para fora" e, portanto, se "move". (...) O organismo vivo se expressa em movimentos: por isso falamos de movimentos expressivos.*[13]

---

13. Wilhelm Reich, *Análise do caráter*, p. 330 e 332.

São suas palavras:

> *Apesar da linguagem refletir o estado plasmático de maneira imediata, ela não é capaz de alcançar esse estado em si. A razão disso é que o início do funcionamento da vida é muito mais profundo do que a linguagem e está além dela. Ademais, o organismo vivo tem seus próprios modos de expressar o movimento, os quais muitas vezes simplesmente não podem ser colocados em palavras.*[14]

Ou seja, a comunicação verbal — e, em especial, aquela apresentada oralmente — é sempre acompanhada de outros elementos que contribuem para fortalecer ou, em determinados momentos, contradizer o teor do discurso verbal.

Todo entendimento do papel da emoção e da linguagem tem início a partir desse conceito, pois o fato de a linguagem, oral ou corporal, comunicar instantaneamente o estado plasmático, não pode ser confundida com ele. Ao compreendermos que o organismo vivo também possui seus próprios caminhos para se expressar, independentemente das palavras, torna-se ainda mais contundente o fato de que, embora a emoção possa ser identificada na sua manifestação, o processo complexo e entrelaçado do seu funcionamento dificulta ainda mais que seja definido e medido simplesmente a partir da observação.

A emoção na música e na oratória

Se compararmos a oratória com a música, pelo fato de ambas serem capazes de tocar o sentimento usando o som como elemento de comunicação, poderemos compreender melhor a impossibilidade de explicar com palavras a emoção.

A emoção produzida pela música, tanto por quem a executa, quanto por quem a ouve, não pode ser explicada por palavras. Cada tentativa é acompanhada de conformismo pela impossibilidade de descrevê-la.

---

14. Wilhelm Reich, *Análise do caráter*, p. 333.

Também Reich se vale da música para esclarecer como a emoção, embora sentida e percebida, não pode ser explicada ou definida:

> *Qualquer pessoa com tendências musicais está familiarizada com o estado emocional provocado pela música. Porém, ao se tentar traduzir em palavras essas experiências emocionais, a expressão musical rebela-se. A música não tem palavras e quer continuar assim. Mas ela dá expressão ao movimento interno do organismo vivo, e escutá-la provoca a "sensação" de um "arrebatamento interno". Geralmente descreve-se de duas maneiras a falta de palavras na música: 1) como marca de espiritualidade mística ou 2) como a expressão mais profunda de sentimentos impossíveis de traduzir em palavras. O ponto de vista científico natural concorda com a interpretação de que a expressão musical está relacionada com as profundezas do organismo vivo. De acordo com isso, aquilo que, na grande música, é considerado "espiritualidade", constitui apenas uma outra maneira de dizer que o sentimento profundo é idêntico a ter contato com o organismo vivo para além das limitações da linguagem.*
>
> *Até agora, a ciência não teve nada de decisivo para dizer sobre a natureza do movimento expressivo da música. Sem dúvida, o próprio artista nos fala de forma de expressões de movimentos sem palavras, a partir das profundezas da função vital, mas ele seria tão incapaz de dizer em palavras o que expressa em sua música ou em sua pintura. Na verdade rejeita vivamente qualquer tentativa de traduzir a linguagem da expressão artística na linguagem verbal humana. Atribui muita importância à pureza de sua linguagem de expressão. Assim, o artista confirma a asserção da biofísica orgânica de que o organismo vivo possui uma linguagem expressiva pró-*

pria, antes de, para além de, e independente de toda a linguagem verbal.[15]

Assim é a oratória na sua manifestação emocional, *"ao dar expressão ao movimento interno do organismo vivo"*. Também escutá-la provoca a *"sensação"* de um *"arrebatamento interno"*. Ao transmitir o sentimento, todo o organismo participa do processo de comunicação: ele possui uma linguagem expressiva própria que atua na informação da mensagem. E, da mesma maneira como na música, essa linguagem tem relação com as profundezas do organismo vivo, não pode ser definida ou explicada pela linguagem verbal — *"o sentimento profundo é idêntico a ter contato com o organismo vivo para além das limitações da linguagem"*.[16]

É uma grande ironia, pois a emoção do orador, que se expressa também pela linguagem verbal, não pode ser explicada por ela.

A emoção na sua origem

Reich afirma que, quando sentimos a emoção de uma outra pessoa, estamos trabalhando com funções *biológicas* primárias. *"A reação de pânico no reino animal"*, por exemplo, quando um pássaro inquieto voa e é seguido pelo bando todo, *"baseia-se numa reprodução involuntária do movimento expressivo de angústia"*.[17] Da mesma forma, poderá ocorrer uma aglomeração se as pessoas notarem que alguém parou para olhar para algum ponto no céu, mesmo que lá não exista nada.

Deduzimos, assim, que os movimentos expressivos de uma pessoa provocam uma imitação involuntária no organismo das outras, que passam a sentir e perceber essa expressão como se fosse delas próprias.

---

15. Wilhelm Reich, *Análise do caráter*, p. 333.
16. Idem, *Análise do caráter*, p. 333.
17. Ibidem, p. 335.

Assim, "*compreendemos os movimentos expressivos e a expressão emocional de outro organismo vivo com base na identidade entre nossas próprias emoções e as de todos os seres vivos*".[18]

A linguagem humana atua — "*interfere na linguagem da face e do corpo*". Por isso, a "*expressão total de um organismo*" deve ser "*literalmente idêntica à impressão total que o organismo provoca em nós*".[19]

A coerência entre todos os aspectos da expressão emocional — palavras, gestos, postura, inflexão da voz, fisionomia, olhar, silêncio, enfim, de todo o conjunto, precisa existir para que o significado da mensagem seja único.

Reich afirma, "*muitas vezes, a palavra falada esconde a linguagem expressiva do núcleo biológico*".[20]

Por isso, o orador, para demonstrar coerência entre todos os aspectos da expressão emocional, às vezes camufla com as palavras os seus verdadeiros sentimentos e expressa também com o corpo o sentimento que as palavras estão transmitindo, para que sua mensagem possa provocar uma impressão total e ser interpretada como coerente. Dessa forma, ele pode não dizer o que sente e demonstrar que está sentindo o que diz.

Ao nos depararmos com alguém que se expressa com emoção, julgamos entender os motivos que a produziram, embora o que percebamos seja apenas a sua manifestação. E, por pressupormos que essa exteriorização é a manifestação da emoção que pensamos existir, somos levados a crer que, pelo fato de ser ela externada, efetivamente está presente na origem e como fulcro propulsor daquela manifestação. Assim, ao observarmos a emoção do orador, temos a impressão de poder identificá-la e compreendê-la em toda a sua extensão.

---

18. Wilhelm Reich, *Análise do caráter*, p. 353.
19. Idem, *Análise do caráter*, p. 335.
20. Ibidem, p. 334.

A emoção do orador é um processo de construção

É comum o julgamento de que as pessoas constroem a mensagem partindo da razão e a reinterpretam pela emoção.

Pelo que pudemos observar dos estudos de Reich, ocorre exatamente o contrário — *"a linguagem deriva claramente da percepção de movimentos internos"*.[21]

Também Maturana em *A ontologia da realidade*, descreve a emoção como sendo a origem da mensagem racional.

Diz o autor chileno que:

> *aquilo que distinguimos como emoções, ou que conotamos com a palavra emoções, são disposições corporais que especificam a cada instante o domínio de ações em que se encontra um animal (humano ou não) e que o emocionar, como o fluir de uma emoção a outra, é o fluir de um domínio de ações a outro.*[22]

O emocionar segundo Maturana

Somos capazes de perceber e distinguir as diversas emoções, em nossa vida diária, na análise dos comportamentos, ações e reações que se manifestam nos outros (homens e animais) ou em nós mesmos. Cada emoção provocará apenas um número possível de ações, próprias e específicas, na pessoa ou animal que a manifestar.

Maturana, como Reich, diz que, evidentemente, este componente emocional é inerente a todo animal, mas afirma que *"a existência humana só se realiza na linguagem e no racional partindo do emocional"*.[23]

Para Maturana, a linguagem, que se manifesta como fenômeno de vida e acompanha os seres humanos em sua evolução através da história, faz com que o homem, no movimento do

---

21. Wilhelm Reich, *Análise do caráter*, p. 332.
22. Humberto Maturana, *A ontologia da realidade*, p. 170.
23. Idem, *A ontologia da realidade*, p. 170.

fluir constante de ações e interações, passe a ter uma experiência de vida em 2 vertentes simultâneas e recíprocas: a emocional — a primeira, a imediata (comum em todos os animais) e que dinamiza suas ações; e a racional — (única para o ser humano) que distingue as coerências existentes no operar na linguagem, ou seja, no linguajar, e que torna possível uma explicação que só nela acontece.

Todo o sistema racional está fundamentado em algumas premissas, aceitas ou adotadas de forma tácita ou explícita, *a priori*, e que produzem um conjunto de coerências que acabam por constituir esse sistema.

Todo comportamento, então, será impulsionado, constituído e especificado por alguma emoção ou estado de espírito no curso de suas ações e intenções.

Esse constante fluxo de emoções e de estados de espírito constitui o emocionar, que, na sua conjunção com o linguajar — ato de estar na linguagem, no sentido amplo do termo —, marca as nossas interações com outros seres humanos. Mas, para que nós, seres humanos, possamos interagir nas conversações, é necessário que haja uma convergência de quereres, de desejos, que eles sejam estimulados e instigantes, a tal ponto que nos levem a permanecer em "*interações recorrentes*", até que a emoção acabe e com ela também o linguajar.

> *Assim, estritamente falando, a vida humana é sempre um fluir inextricavelmente entrelaçado de emocionar e de racionalidade, através do qual trazemos à mão diferentes domínios de realidade. E vivemos nossos diferentes domínios de realidade em nossas interações com outros, explícita ou implicitamente, (...) de acordo com o fluir de nosso emocionar.*[24]

A consideração dessa análise é de fundamental importância, principalmente porque há, de forma generalizada, a tendência de tratar divergências e discordâncias como se fossem

24. Humberto Maturana, *A ontologia da realidade*, p. 278.

resultantes de um erro lógico cometido por alguém. Lançamos mão de argumentos que se sustentam na razão quando, em muitas circunstâncias, essas discordâncias são, na verdade, divergências nas premissas fundamentais a partir das quais construímos todo o nosso sistema racional que nos orienta na forma como operamos em nosso raciocinar.

Essas discordâncias, entretanto, não poderão ser explicadas com base no raciocinar, porque são discrepâncias que se manifestam nas preferências, no querer, no desejo do outro e, conseqüentemente, não se fundamentam na razão, só poderão ser resolvidas nas emoções.

Exigir de alguém racionalidade quando suas premissas fundamentais são outras é, antes de tudo, negar o outro. E essa negação só pode ser resolvida se um espaço novo for aberto para a emoção:

> *Darmo-nos conta do entrelaçamento entre o emocionar e a linguagem que todo conversar e, portanto, todo afazer humano é, fundamenta a compreensão de duas dimensões adicionais do ser humano, isto é, a responsabilidade e a liberdade.*[25]

E podemos complementar dizendo que se trata de responsabilidade em avaliar as conseqüências de nossas ações, e liberdade para decidir sobre o nosso querer ou sobre a mudança do nosso desejar.

É evidente que esses mesmos conceitos se aplicam com toda a sua significação também no processo de comunicação do orador diante da platéia.

Diante do público, com o objetivo de tocar a emoção das pessoas, o orador se vale da linguagem — e linguagem aqui também no sentido amplo da expressão — para adequar suas emoções ao querer e aos desejos dos ouvintes para que o emocionar possa ser produzido.

---

25. Humberto Maturana, *A ontologia da realidade*, p. 181.

Se, na conversação, existe uma rápida e quase sempre visível interação dos domínios de ação, o mesmo já não ocorre na comunicação em público, pois a reação dos ouvintes, que se constitui no seu domínio de ação e que deveria realimentar o comportamento do orador, não é tão evidente, cabendo a este, portanto, além de redobrar sua observação, supor que tipo de resposta suas ações estão produzindo, para que sua comunicação seja redirecionada nesse sentido.

Nas fundamentações desses dois autores, Reich e Maturana, é que apoiamos essencialmente o nosso conceito para a pesquisa da emoção do orador. Partimos do princípio de que a emoção está presente no ser humano e que é a partir dela que a mensagem racional se constrói. Portanto, a manifestação emocional do orador tem origem na própria emoção, passa pela razão e é externada na sua maneira de transmitir a mensagem. Assim, ao comunicar a mensagem com emoção, ou estaria naturalmente externando seus sentimentos, ou estaria interpretando o que efetivamente sente ou o que desejasse que os ouvintes imaginassem que estivesse sentindo.

Associando agora a oratória com a poesia, é possível compreender melhor o processo de construção que pode estar produzindo a mensagem do orador, se analisarmos os versos de Fernando Pessoa, no poema "Autopsicografia",[26] quando se refere aos sentimentos da poesia:

O poeta é um fingidor.
Finge tão completamente
Que chega a fingir que é dor
A dor que deveras sente.

Chalhub, ao tratar da função emotiva proposta por Jakobson, esclarece bem esse papel do poeta, comparando a emoção com a arte:

---

26. Fernando Pessoa, *Obra poética*, p. 164 e 165.

Há um mito de senso comum que identifica arte e função emotiva e, nesse sentido, a arte expressaria sentimentos e pensamentos do autor, que tomado de "inspiração", diz o que o mortal dos homens não sabe dizer, uma vez que o artista aí é o "privilegiado" pela vocação poética: ser o porta-voz para os homens, dessa entidade mágica e inspirada que o faz dizer coisas indizíveis.

No entanto, há outra postura que concebe arte como construção: a emoção se dá diante das relações novas que se percebem na escultura, na pintura, no poema. Emoção estética que faz o receptor defrontar-se com o novo, o original, causando-lhe a surpresa do estranhamento (ostranienie). Assim, a característica do poético não é a emoção, apesar de todo o equívoco a respeito da identificação da arte ser expressão do sentimento.[27]

E a segunda parte do poema de Pessoa atesta esse momento de construção produzido pela arte:

E os que lêem o que escreve,
Na dor lida sentem bem,
Não as duas que ele teve,
Mas só a que eles não têm.

Também na oratória, quando o orador se expressa com emoção, verdadeira ou simulada, há, da mesma forma, esse processo de construção a partir da utilização dos diversos aspectos da comunicação.

Ressaltamos mais uma vez que, se a emoção utilizada na comunicação for simulada, oportunidade em que o papel do orador, nesta interpretação, estaria se confundindo com o do ator, a atitude deveria ser condenada por agredir a conduta ética recomendada, a não ser que o objetivo não fosse o de manipular o ouvinte.

---

27. Samira Chalhub, *Funções da linguagem*, p. 18.

1.3.2 A emoção é um espetáculo

Embora já tenham sido citadas na introdução desta dissertação, precisamos recorrer mais uma vez às palavras de Aristóteles para compreendermos a função "espetacular" da emoção. Diz o filósofo que, por seu comportamento e pelo estilo como exprime as paixões, o orador faz com que os ouvintes acreditem que elas sejam verdadeiras, embora, às vezes, possa expressar de forma patética uma mensagem vazia de fundamento e, mesmo assim, pela sua interpretação, impressionar o ânimo das pessoas.

Essas foram as palavras de Aristóteles já citadas: *"o ouvinte compartilha dos sentimentos do orador que fala de maneira patética, mesmo que o discurso careça de fundamento. Por isso muitos oradores impressionam o ânimo dos ouvintes, fazendo simplesmente ruído".*[28]

Também Jakobson, em texto já citado nesta dissertação, mas tão importante neste contexto, que se justifica sua repetição, diz: *"A chamada função emotiva ou 'expressiva', centrada no remetente, visa a uma expressão direta da atitude de quem fala em relação àquilo de que está falando. Tende a suscitar a impressão de uma certa emoção, verdadeira ou simulada".*

É a função espetacular da emoção que, por ser interpretada como sendo verdadeira, mesmo que não o seja, pode influenciar o ânimo e o julgamento dos ouvintes.

Essa função do espetáculo, embora sempre tenha participado da vida do homem desde os primórdios da história da humanidade, passou a ser mais acentuada na sociedade contemporânea, que estimula uma atenção sem precedentes nas imagens e nas impressões superficiais.

Vários pensadores sociais se dedicaram a seu estudo e a sua interpretação. Entre eles, Debord, Baudrillard e Haug.

---

28. O fato de Aristóteles fazer essa constatação não significa, entretanto, que esteja concordando com o procedimento. Ao contrário, parece estar mesmo criticando essa conduta.

O primeiro foi Debord, com a obra *A sociedade do espetáculo*, publicada em 1967. Os demais desenvolveram seus trabalhos posteriormente a ele, considerado o pioneiro na investigação da presença das imagens na vida social.

Emoção e imagens

Se compararmos a emoção do orador com o papel das imagens para o consumo dos produtos na vida social contemporânea, concluiremos que a sua função se presta ao mesmo objetivo: influenciar o ânimo das pessoas.

O ponto de partida das reflexões de Debord foram as afirmações de Marx, para quem existia um acúmulo de mercadorias. Debord aproveita esta teoria e acrescenta o acúmulo de espetáculo: *"toda vida das sociedades nas quais reinam as condições modernas de produção se anuncia como uma imensa acumulação de espetáculos. Tudo o que era diretamente vivido se afastou numa representação"*.[29]

Da mesma maneira que a essência do produto está subordinada à imagem, à aparência, para seduzir o consumidor, também a emoção utilizada, de caráter verdadeiro ou interpretado, pode lançar mão do aspecto espetacular, muitas vezes até subordinando o conteúdo da mensagem para seduzir o ouvinte.

Tanto é assim que, cada vez mais, os consultores são contratados pelas empresas para proferir palestras sobre os mais diferentes temas e se apresentam com representações espetaculares, carregadas de emoção e jogos cênicos para conquistar as platéias.

Aceitando a semelhança que o papel da imagem, como elemento de influência para que a sociedade consuma a produção na vida contemporânea, tem com o papel da emoção, como elemento de influência para que os ouvintes aceitem a mensagem do orador, podemos recorrer aos estudos desses pensado-

29. Assim como Aristóteles, também Debord, como crítico social, afirma o fato, mas era exatamente o que desejava combater.

res para compreendermos melhor a importância da emoção do orador no processo de conquista dos ouvintes.

A origem da sociedade do espetáculo

A sociedade do espetáculo só pode ser compreendida se pudermos entender também como a sociedade funciona economicamente. Precisamos entender antes qual é o papel que as relações mercantis desempenham no processo econômico e, de maneira mais abrangente, na vida social como um todo.

Na busca do entendimento das causas e das conseqüências da sociedade do espetáculo, Debord analisa o processo de cisão, a separação da nossa existência e o que vivenciamos como indivíduos que compõem uma sociedade e as imagens que estão presentes nas ações sociais.

Diz o autor que os trabalhadores são produtores de todos os bens produzidos. Ocorre, entretanto, que o trabalhador não possui a propriedade dos objetos produzidos, ele não é possuidor do resultado do seu trabalho.

Ora, nós somos membros de uma sociedade em que os objetos produzidos são utilizados para a satisfação das necessidades, mas na nossa vida cotidiana quase nunca temos a sensação de que somos os responsáveis pela sua produção. Na verdade, eles passam a ter vida própria.

Assim, pelo fato de produzirmos objetos que são mercadorias, que não nos pertencem como trabalhadores, há uma alienação. Nós perdemos o controle dos bens produzidos e, como conseqüência, somos tomados por uma relação de estranhamento diante do que nós mesmos produzimos.

A partir dessas premissas históricas, o autor atualiza os fatos para uma realidade mais contemporânea e presente na sociedade. Aproveita-se dos conceitos e, a partir deles, produz uma análise que se sustenta na interpretação das características do funcionamento econômico da sociedade capitalista. Verifica, nas suas reflexões, de que maneira a sociedade produz, para desenvolver sua teoria da sociedade do espetáculo.

Debord prossegue no seu raciocínio e atualiza esses conceitos até chegar à constatação de que continuamos a nos relacionar com objetos, mas agora com um ingrediente especial: esses objetos estão cada vez mais associados às imagens.

Houve uma mudança na característica da sociedade capitalista. Numa primeira fase, encontramos um acúmulo de objetos, de mercadorias, tendo em vista sua dimensão quantitativa para produzir o acúmulo de capital. Numa fase posterior, essa dimensão quantitativa passa a estar vinculada à imagem, ao parecer, isto é, para a conquista do acúmulo de capitais, surge o mundo das aparências.

Quando compramos um objeto, estamos ao mesmo tempo tendo a sensação de estar adquirindo também as imagens que estão associadas a ele. Parece mesmo que estamos sendo incorporados a essas imagens.

Debord observa um esvaziamento da essência do produto pela presença da imagem, mas não a anulação da sua utilidade de maneira total. Ele valoriza a aparência, o que sobressai superficialmente, e desenvolve a partir dessa reflexão o conceito da sociedade do espetáculo.

A essência, portanto, na sociedade do espetáculo, está subordinada à aparência.

Uma qualidade só vai se manifestar se for transformada em imagem. Para se vender uma mercadoria na sociedade do espetáculo, é preciso investir na sua aparência. A partir, portanto, da associação que podemos fazer da *imagem como aparência* com a *emoção como parecer*, deduzimos também que essa característica precisa estar presente para que o orador possa influenciar o ânimo dos ouvintes.

Haug, que também se dedicou a esse estudo posteriormente a Debord, segue, de certa maneira, a mesma linha de raciocínio com relação à essência do produto quando vista a partir da presença das imagens. Concorda com o esvaziamento da essência e que a utilidade passa a ser substituída pela aparência. Entende que ocorre uma valorização superficial do objeto, ou seja, valoriza-se aquilo que é visível, notado na sua imagem mais aparente, em detrimento do que realmente é. A embalagem do produto acaba predominando sobre a essência e sua utilidade.

Já Baudrillard, ao tratar do mesmo tema, também em época posterior a Debord, é radical nas suas observações: descaracteriza praticamente toda a essência e evidencia apenas o papel da imagem. Na obra *Simulacros e simulação*, diz que, historicamente, na religião quatro fases da imagem se sucederam:

— *ela é o reflexo de uma realidade profunda*

— *ela mascara e deforma uma realidade profunda*

— *ela mascara a ausência de realidade profunda*

— *ela não tem relação com qualquer realidade: ela é o seu próprio simulacro puro.*

Em seguida, de maneira resumida, o autor esclarece cada uma dessas fases:

> *No primeiro caso, a imagem é uma boa aparência — a representação é o domínio do sacramento. No segundo, é uma má aparência — do domínio do malefício. No terceiro, finge ser uma aparência — é do domínio do sortilégio. No quarto, já não é de todo do domínio da aparência, mas da simulação.*[30]

Esses três autores, Debord, Haug e Baudrillard, concordando ou não com a intensidade da importância da imagem com relação à essência do produto, são unânimes na avaliação sobre a influência da imagem para que o consumidor passe a se interessar pelo produto.

Assim também interpretamos o nosso objeto de estudo, a emoção. Ela está presente na comunicação da mensagem e tem influência nos ouvintes, mas o que a pesquisa procurou avaliar é em que medida e de que maneira ela atua no processo de conquista das pessoas, e até que ponto pode esvaziar, complementar ou desconsiderar a essência do conteúdo.

---

30. Jean Baudrillard, *Simulacros e simulação*, p. 13.

Ao analisarmos a forma como as imagens e as emoções são produzidas verificamos que normalmente elas não surgem por acaso. Ao contrário, possuem objetivos determinados que, de maneira geral, pela sua aparência e interpretação, visam estimular a compra de um produto ou a aceitação de uma idéia.

A análise desses conceitos não pretende julgar o fato de a emoção do orador ser autêntica ou interpretada. Vimos nas apreciações de Aristóteles, de Quintiliano e Jakobson que as opiniões podem divergir com relação a esse fato. Importa, sim, saber que a emoção pode ser percebida, observada pelo ouvinte ou comunicada pelo orador, mesmo que não seja possível defini-la ou explicá-la.

Essa apreciação conceitual reveste-se de importância acentuada pelo fato de que qualquer estudo que se realize para o entendimento e a quantificação da emoção do orador deva passar pela observação subjetiva do pesquisador, que, mesmo sem poder explicá-la ou defini-la, poderá apreciá-la, senti-la e interpretá-la.

1.3.3 As características da recepção e a possibilidade da manipulação

Embora não tenhamos analisado as características dos receptores, pela delimitação objetiva do tema, que levou em conta apenas a emoção do orador, não seria possível tratar de comunicação sem considerarmos as características e o papel da recepção.

Os estudos sobre o processo da recepção

Em todo o processo evolutivo da teoria da recepção, passando pelo funcionalismo, pelo estruturalismo, em que os diversos estudos se sucederam no enfoque primeiro centrado no emissor, depois no contexto, até posteriormente ser considerada a participação do receptor na formação da mensagem, os elementos são distintos e abrangentes.

A estética da recepção não se prende à simples contextualização de um discurso e também não se limita a uma abordagem sociopolítica. O encontro do homem com o texto é marcado por um redimensionamento do elemento histórico.

No artigo que publicou na obra *Nexos — Revista de estudos de comunicação e educação*, em 1998, sob o título de "Texto e contexto: a presença do estruturalismo nos estudos da recepção", Barros afirma que:

> *nesse deslocamento do eixo de significação do processo da comunicação, pode-se pensar na adoção de um novo paradigma que busque estudar fenômenos da significação na interação mensagem/recepção. Surge, assim, a proposta de uma semiologia de contexto, onde se busca um estudo da estética da recepção. Recepção entendida aqui, obviamente, não como algo passivo, mas como uma verdadeira ação de fruição.*[31]

Ocorre, portanto, um novo paradigma — interacionista, e não comunicacional. O sentido emerge, e mensagem e ouvinte se implicam, ou seja, há uma representação em que o dualismo sujeito/objeto se dilui.

Segundo Cruz, no artigo "A estética da recepção e a crítica da razão impura", o que prevalece é um verdadeiro encontro:

> *o encontro do sujeito com o mundo, a constituição dos sentidos e dos discursos, para descobrirmos que não podemos falar já (...) de um sujeito oposto ao mundo, mas antes de um sujeito profundamente implicado em todo o processo de significação e por ele atravessado e constituído.*[32]

---

31. Laan Mendes de Barros, *Nexos – Revista de estudos de comunicação e educação,* ano II, 1º semestre/1998, p. 53.

32. Maria Tereza Cruz, "A estética da recepção e a crítica da razão impura", p. 66.

Martín-Barbero, em "A América Latina e os anos recentes: o estudo da recepção em comunicação social",[33] diz que *"a recepção é um espaço de interação"*. Para tornar claro esse conceito de recepção, faz um rápido histórico do estudo e do processo de comunicação. Diz que, em uma primeira etapa, e por muito tempo, pensava-se que estudar comunicação era se ocupar da economia das transnacionais, da economia das classes dominantes em relação com os meios. Quem são os donos dos meios?

Se sabíamos quem eram os donos, já sabíamos tudo.

Continuando sua linha argumentativa, Martín-Barbero diz que, em uma segunda etapa, o foco de análise foi deslocado para o estudo da mensagem. Isso porque, a partir dela, ou através dela, eram passadas as informações que, de certa forma, mostravam a sociedade. E finalmente questiona que *"agora talvez pareça que chegar ao receptor é somar o que já sabemos. Não é somatória"*.[34] O que se discute, segundo ele, é um outro modo de ver a comunicação, e conclui afirmando, tendo provado seu conceito inicial, que o processo de recepção é um processo de interação. E torna mais clara ainda sua conceituação ao dizer, na seqüência, utilizando uma expressão dos italianos, que a recepção é um processo de negociação do sentido.

Alerta Martín-Barbero para que não se caia em extremos, imaginando que agora a comunicação, por considerar o receptor, suas circunstâncias e suas características, se concretize se cada um ler no jornal o que lhe "der na cabeça". Segundo o autor, dão-se outras coisas, como neuroses, histerias, mas não um processo de comunicação. Preocupado com o possível mal-entendido do papel do emissor/receptor no processo de comunicação, chama a atenção para o risco dos extremos. O primeiro extremo: quem sabe o que se passa na comunicação é o emissor. É necessário estudar as intenções do emissor, se são

---

33. Jesús Martín-Barbero, "A América Latina e os anos recentes: o estudo da recepção em comunicação social", in *Sujeito, o lado oculto do receptor*, p. 57.

34. Idem, "A América Latina e os anos recentes: o estudo", in *Sujeito, o lado oculto da recepção*, p. 57.

manipulatórias ou ideológicas. O segundo extremo: pensar que o receptor faz o que quer com a mensagem.

O que se estuda com base na recepção é um modo de interagir não só com a mensagem, mas com a sociedade, com os outros atos sociais, e não só com aparatos. Assim se entende hoje o processo de comunicação com a participação e a influência da recepção. Todos os agentes envolvidos — emissor, receptor, o texto e o contexto — agindo e interagindo entre si.

Essa complexa interatividade, que norteia o estudo atual da recepção, também é analisada por Valverde quando diz:

> *Se o tema da recepção merece o destaque que vem recebendo nos meios acadêmicos é porque ele não se restringe à mera aplicação, no âmbito comunicacional, do modelo causal ao jogo de correlações entre "estímulo" e "resposta". Afinal de contas, se a discussão sobre a recepção envolve o próprio tema da assimilação da cultura, é porque ela tem em vista algo mais geral e fundamental que a simples troca de informações ou mensagens, e aponta para a análise sociológica, antropológica, psicológica e ontológica, da sensibilidade mesma, enquanto condição de possibilidade da comunicação.*[35]

A possível manipulação

Embora exista essa interação evidente de todos os agentes, o próprio Martín-Barbero chama a atenção para a possibilidade de manipulação. Não desejada, não pretendida como fim último do processo de comunicação, mas possível.

Podemos ir mais adiante e dizer que, na realidade, o processo de comunicação pode ser e é manipulado, às vezes pelo próprio conhecimento atual dos estudos da recepção. Ora, se o emissor, sabendo de antemão quais são as características que

---

35. Monclar Valverde, "Recepção e sensibilidade", in *Mídias e recepção*, p. 154 e 155.

compõem o receptor e também estando consciente dos elementos que formam o contexto do conteúdo, desejar construir o resultado final da mensagem, bastará agir nessa direção.

Não é simples, pois são muitas as variáveis que precisam ser identificadas, mas existe pelo menos uma grande possibilidade de aproximação para que esse objetivo possa ser atingido.

• *Ideologia e mensagem*

Ao explicar a formação da ideologia do indivíduo como integrante de uma sociedade, Althusser, a partir de uma perspectiva marxista, na obra "Ideologia e aparelhos ideológicos de Estado", in *Um mapa da ideologia*, organizado por S. Sizek, nos dá pistas de como compreender a formação do indivíduo. Diz o autor que, desde que nasce, a pessoa recebe influências de todas as instituições e, quando aprende uma linguagem, absorve também os valores da sociedade:

> *O aparelho político, submetendo os indivíduos à ideologia política do Estado, à ideologia "democrática" "indireta" (parlamentar) ou direta (plebiscitária ou fascista). O aparelho da informação, empanturrando cada "cidadão" com doses diárias de nacionalismo, chauvinismo, liberalismo, moralismo, etc., através da imprensa, do rádio e da televisão. O mesmo se aplica ao aparelho cultural (o papel do esporte no chauvinismo é de suma importância), etc. O aparelho religioso, relembrando em seus sermões, e nas outras grandes cerimônias do Nascimento, Casamento e Morte, que o homem são apenas cinzas, a menos que ame seu próximo a ponto de dar a outra face a quem quer que bata primeiro. O aparelho familiar... bem, não há necessidade de prosseguir.*[36]

Nesta análise reside a chave que poderia permitir ou dificultar o trabalho de manipulação.

36. Louis Althusser, "Ideologia e aparelhos ideológicos de Estado", p. 121.

Barros Filho, no livro *Globalização, mídia e ética*, ao discutir, na parte II — Ética e mídia, a subjetividade condicionada por determinismos próprios a qualquer agente social, nos dá um bom exemplo a esse respeito, quando nos fala da formação do jornalista, como pessoa, interferindo no processo de produção da notícia.

O conceito usado na análise é o de *habitus*, desenvolvido por Bourdieu, a partir do conceito de Althusser. Diz o autor:

> *O jornalista, como qualquer profissional, é vítima da sua trajetória social. Como aponta Andréas Freund, a subjetividade representará a combinação de pré-conceitos pessoais do jornalista e de pré-suposições compartilhadas com seu meio (op. cit.). Essa intuição de Freund corresponde ao que a sociologia de Bourdieu desenvolveu através do conceito de* habitus.

> *Princípio gerador de comportamento, conjunto de disposições que fazem agir, pensar, perceber e sentir de maneira determinada, o* habitus *é a história individual feita corpo. Sendo um conjunto de esquemas de classificação do mundo social, interiorizado durante toda a trajetória do indivíduo, o* habitus *gera comportamento por se constituir em predisposições a fazer, dizer, pensar isto ou aquilo.*[37]

Assim como o jornalista, todas as pessoas sofrem influência do seu meio e do meio onde viveram outras pessoas com quem passaram a ter contato. Embora o exemplo da formação do jornalista refira-se ao seu papel como emissor da mensagem, é óbvio que a influência no seu comportamento será a mesma quando ele agir como receptor. Por extensão de raciocínio, o mesmo processo se dará com qualquer outra pessoa. Essa experiência cristalizada estará presente em todas as etapas de formação da mensagem.

---

37. Erasmo de Freitas Nuzzi e Clóvis de Barros Filho, *Globalização, mídia e ética*, p. 136.

• *Adaptação da mensagem à realidade da recepção*

Weiss, no capítulo 4 do livro *Como falar em público — técnicas eficazes para discursos e apresentações*, propõe que o orador tenha um envolvimento com os ouvintes para que sua mensagem possa prevalecer. Diz o autor:

> *Pense de maneira a deixar cada ouvinte com a impressão de que você falou diretamente com ele. Procure o máximo de interação possível. A interação faz com que as pessoas contribuam para a apresentação. Elas não se sentem tratadas com condescendência por você. E quanto mais elas falam, tanto mais inteligente acham que você é.*[38]

O método proposto por Weiss é o de fazer algumas perguntas aos ouvintes sobre as suas expectativas com relação ao assunto que irá abordar e relacioná-las à medida que forem sendo mencionadas. Durante a apresentação, o orador, ao desenvolver o conteúdo da mensagem, vai fazendo referências aos itens sugeridos pelos ouvintes, de forma a levar as pessoas a ter a impressão de que o discurso está sendo feito especialmente para elas.

Esse método interativo é uma maneira prática de conhecer melhor as características e as expectativas dos ouvintes e adaptar com maior propriedade a mensagem para a recepção.

Essa necessidade de adaptar a mensagem à realidade da recepção é tão importante que, podemos dizer, a sua não-observância foi fator determinante para que o mais importante empresário que o império brasileiro conheceu prejudicasse seus negócios e fosse à falência.

A falta de habilidade de Ireneu Evangelista de Souza, que se tornou barão e depois Visconde de Mauá, pode ser medida pelo episódio narrado por Caldeira em *Mauá — empresário do*

---

38. Donald Weiss, *Como falar em público — técnicas eficazes para discursos e apresentações*, p. 47.

Império, em que o empresário convidara D. Pedro II e as mais altas personalidades do país para batizar as locomotivas da primeira ferrovia brasileira. Antes do banquete comemorativo, Ireneu abriu a sessão de discursos e, ingenuamente, foi bater em uma tecla que já tinha provocado ressentimentos ainda não esquecidos pelo imperador:

> *Vinte meses apenas são contados desde que Vossas Majestades honraram com suas augustas presenças o primeiro acampamento de operários da companhia.*
>
> *Coube-se então a distinta honra de depositar nas mãos de Vossa Majestade um humilde instrumento de trabalho, do qual Vossa Majestade não desdenhou em fazer uso, como para mostrar a seus súditos que o trabalho, esta fonte perene de prosperidade, era não só digno de vossa alta proteção, porém mesmo extraordinária honra.*[39]

Ocorre que o fato a que Ireneu se referia tinha desgostado muito o imperador, já que o trabalho braçal era executado apenas por pessoas de baixo nível social e intelectual, e voltar a falar no assunto foi um erro maior ainda.

Caldeira revela que essa atitude de Ireneu preocupou muito o Barão de Bom Retiro, já designado para dar a notícia de que o empresário receberia o título de Barão. A tal ponto que, antes de anunciar o fato a Irineu, foi se certificar com o imperador se o combinado ainda valia. Este, ainda contrariado, disse que sim, mas o risco foi grande, e o que estava planejado para ser motivo de comemoração quase se transformou em desastre. Por causa dessas atitudes e da falta de competência para falar o que era preciso no momento apropriado, Mauá foi angariando desafetos que, no futuro, o prejudicaram muito, tanto que, por intrigas políticas, veio a falir.

---

39. Jorge Caldeira, *Mauá — empresário do Império*, p. 291.

• *O desafio na análise das características dos receptores*

Se tem o orador, a partir dos conceitos de Althusser, a possibilidade de descobrir qual é a formação predominante dos seus receptores, quais são as suas origens e heranças sociais, que tipo de valores absorveram durante o processo de aprendizado da linguagem, por outro lado, pela mesma conceituação, irá se deparar com obstáculos difíceis de serem contornados.

O desafio é muito mais amplo do que pode parecer a partir de uma avaliação mais precipitada, pois não basta apenas saber que, durante o aprendizado da linguagem, os valores do grupo social a que pertencem foram absorvidos, mas também se sofreram alterações com o tempo, uma vez que esse aprendizado é permanente e pode ocorrer a partir do contato com distintos grupos sociais, envolvidos, evidentemente, por valores também diferentes.

Além desse questionamento, outro aspecto relevante para a análise das características dos ouvintes é a formação predominante no grupo de receptores, pois, obviamente, o emissor, de maneira geral, se vê diante de pessoas heterogêneas, e, portanto, carregando cada uma seus próprios valores. Saber onde esses valores estão sintonizados, para estabelecer uma característica predominante no grupo, é tarefa complexa e difícil de ser empreendida.

Para que possamos nos conscientizar ainda mais dessa dificuldade de "mapeamento" das características dos receptores, de uma compreensão plena dos elementos que participam da formação das pessoas, vamos recorrer ainda às afirmações de Althusser, que conceitua a idéia de "sujeito" como tendo uma dimensão ambígua.

Sujeito, segundo o autor, tem simultaneamente a condição de ser o agente do processo, aquele que é livre para escolher, mas ao mesmo tempo é passivo no processo, aquele que absorve elementos, valores que vêm de fora.

Essa característica na formação e na assimilação dos valores do indivíduo torna a avaliação do emissor ainda mais difícil, pois o receptor, como agente do processo, com liberdade para escolher e decidir o que efetivamente deseja, deixa seus valores mais visíveis e passíveis de identificação, enquanto, como passivo no processo, absorvendo os elementos e os valores que vêm de fora, nem sempre torna fácil esse reconhecimento — às vezes nem para ele mesmo. O próprio Althusser afirma que as pessoas não têm uma compreensão completa da realidade, pois sempre haverá um fato ou uma informação que passará despercebida.

Por toda essa complexidade de elementos que participam na formação de uma pessoa, podemos ser levados a pensar que esse fato se constitui em uma espécie de antídoto contra a manipulação. Mas, mesmo assim, a manipulação é possível, até como parte de um processo de tentativa e erro, pois, mesmo sem compreender plenamente os elementos que participaram da formação das pessoas que irão ouvi-lo, com o tempo, analisando o resultado atingido pelas diferentes mensagens transmitidas por ele ou por outros oradores, irá selecionando aquelas que provocaram o resultado desejado, pela informação em si ou pela forma como foi comunicada.

1.3.4 Os critérios para a avaliação da emoção

Após essas considerações a respeito da emoção, estamos agora em condições de compreender melhor os critérios utilizados para a sua avaliação no caso específico de nossa pesquisa.

Embora todos os aspectos da comunicação do orador estejam relacionados entre si, foram avaliados isoladamente neste trabalho para cumprirem uma finalidade didática, sendo a emoção um aspecto que exigiu concentração redobrada para a sua avaliação, já que se constitui no verdadeiro motivo dessa dissertação de mestrado.

Pela relevância desse aspecto para o nosso estudo, ao fazer sua avaliação, procuramos identificar aqueles que mais participaram para que ela fosse demonstrada. Osborne, em seu livro *Aprenda a falar bem e impulsione sua carreira*, destaca a importância da emoção, mas alerta para o perigo do seu uso inadequado:

> *Os apelos emocionais devem ser usados com sensibilidade, habilidade e cautela, para apoiar e equilibrar apelos dirigidos à razão e à lógica. O uso excessivo da*

emoção, na persuasão, somente insultará a inteligência de seu público, que se indisporá com você.[40]

Em nossa pesquisa, a atribuição dos conceitos para a emoção obedeceu aos seguintes critérios:

Nota 5 — Usou a emoção na medida certa, sem faltas nem exageros. Demonstrou de forma espontânea os seus sentimentos, como, por exemplo, tristeza, quando abordou temas tristes; alegria, quando tratou de assuntos alegres. Sempre de maneira natural e parecendo ser muito verdadeiro.

Nota 4 — Usou bem a emoção, sem exageros, embora ficasse evidente em alguns momentos que estava interpretando os sentimentos. Essa teatralização, entretanto, não prejudicou a apresentação, pois o sentimento demonstrado era próprio para a circunstância.

Nota 3 — O uso da emoção foi de razoável para bom. Durante sua exposição, o orador ou exagerou ou não usou nenhuma emoção. Os ouvintes aceitaram a mensagem, mas perceberam que o comportamento do orador não foi verdadeiro, e que ele apenas interpretou, ou não se envolveu com o conteúdo apresentado.

Nota 2 — O uso da emoção foi razoável. Quando o orador usou a emoção, foi sempre muito exagerado, chegando até a apresentar contradições entre o que falava e a maneira como se comportava; perdeu também oportunidades para usar emoção nos momentos mais importantes. Essa atuação do orador o afastou da platéia e comprometeu a mensagem.

Nota 1 — O uso da emoção foi ruim, pois o orador foi artificial e deixou claro que não estava sendo verda-

---

40. John W. Osborne, *Aprenda a falar bem e impulsione sua carreira*, p. 102.

deiro. Em certos momentos, as palavras falavam de sentimento e o seu comportamento se mostrava alheio à mensagem. Existiu muita contradição entre a forma de falar e o conteúdo, fazendo com que os ouvintes não acreditassem ou não aceitassem a mensagem.

Nota zero — Não existiu emoção intencional (lembrando sempre que, quando a emoção não for intencional ou evidente, para o nosso estudo é como se ela não existisse) ou foi usada sempre de maneira inconveniente. Seu comportamento prejudicou a comunicação e fez com que os ouvintes refutassem totalmente a mensagem.

1.4 Voz

A voz é um dos mais importantes recursos para o sucesso da comunicação. Diversos estudos demonstram sua influência no processo de comunicação. Um dos mais conhecidos é o do Dr. Albert Mehrabian, que concluiu que a palavra participa com 7%, a expressão corporal com 55% e a voz com 38%.[41]

Em sua obra *Manual de eloqüência sagrada*, escrito com o objetivo de orientar a comunicação dos pregadores, Roquete diz:

> *"A voz, diz Fénelon, é o sinal da razão e o mais belo ornato do homem". Que melhor emprego poderemos pois dar-lhe do que anunciar dignamente aos humanos a palavra de Deus e mover-lhes os corações à observância de sua santa lei?*
>
> *Feliz o orador que recebeu da natureza um peito forte, uma voz clara, afinada, sonora, argentina, suave, flexível, penetrante, firme, expedita, robusta, varonil, e de um gênero de dignidade que corresponda ao ministé-*

41. Mehrabian *apud* Robert Rivlin e Karen Gravelle, *Deciphering the senses: The expanding world of human perception*, p. 98.

rio da devida palavra que com ela se anuncia! Ainda que a reunião de todas estas qualidades seja mais para desejar-se do que para conseguir-se, sempre deve procurar-se. (...) Quando a natureza não nos deu uma voz, por assim dizer, pregadora, não pode adquirir-se com arte, porque nenhuma arte pode fazer clara e sonora uma voz naturalmente escura.[42]

É importante chamar a atenção, neste momento, para o fato de essa obra ser de 1878, época em que a beleza da voz possuía destacado valor.

Conforme observaremos na seqüência de seu comentário, a sugestão para os pregadores que não fossem dotados de boa voz é a de que deveriam procurar outra atividade dentro da igreja.

Hoje, com a valorização da naturalidade, vemos, em grande quantidade, apresentadores de televisão, locutores de rádio, políticos e pregadores que certamente seriam reprovados pelo autor fazendo sucesso com a comunicação.

Vejamos então, nesta seqüência, o rigor com que eram tratados aqueles que não possuíam boa voz:

> *(...) isto deve ter presente aqueles sacerdotes que não dotou o Senhor de uma voz mais favorecida. Poderão estes ser bons ceticistas e zelosos semeadores da palavra divina fora do púlpito, poderão ser médicos excelentes no confessionário, criativos dispensadores do pão do céu no altar, e da maior consolação à cabeceira da cama dos enfermos e moribundos; porém não poderão subir ao púlpito para pregar dali ao povo cristão.*[43]

Hoje o que se espera do orador é um comportamento mais natural, espontâneo, sem agredir suas características. Castle e Wade, no livro *Falar em público,* sugerem essa utilização mais natural para a voz:

42. J. I. Roquete, *Manual de eloqüência sagrada*, p. 373.
43. Idem, *Manual de eloqüência sagrada*, p. 373 e 374.

Projetar a voz, em especial quando se usa um microfone, é simples se não tiver preocupações acessórias com acrobacias vocais. Uma crítica que muitas vezes os amigos fazem a um orador é que ele não parece a mesma pessoa quando discursa. Isto torna-se ridículo, especialmente se há falhas e o timbre muda de repente. Junte-se a essa voz de "imitação" um vocabulário cheio de floreados e pouco natural e o resultado é uma exibição muito fraca.[44]

Atribuição de conceitos para as características da voz

As características mais importantes da voz que analisamos na nossa pesquisa foram: dicção, volume, velocidade, ritmo, sonoridade e pausa.

Dicção — é a pronúncia das palavras, a maneira como os sons são articulados para comunicar as palavras e as frases. Considera-se uma boa dicção a pronúncia correta das palavras, sem omissão dos "r", dos "i" e outros fonemas, como, por exemplo, *fazer* no lugar de *fazê*, *problema* no lugar de *poblema*. Diz o Silveira Bueno, em seu livro *A arte de falar em público* que: "mais necessária do que a própria voz no orador é a sua dicção correta, a sua pronúncia perfeita".[45]

Em nossa pesquisa, a atribuição dos conceitos para a dicção obedeceu aos seguintes critérios:

Nota 5 — Dicção perfeita, com a pronúncia clara e correta de todos os sons das palavras naturalmente, sem esforço ou afetação.

Nota 4 — Boa dicção, com a pronúncia clara e correta de quase todas as palavras. Neste caso o orador omitiu, o que é bastante comum, alguns "r" finais e demonstrou algum esforço para pronunciar bem as palavras.

---

44. Dennis Castle e John Wade, *Falar em público*, p. 21 e 22.

45. Francisco Silveira Bueno, *A arte de falar em público*, p. 33.

Nota 3 — Dicção razoável para boa, com a pronúncia compreensível das palavras, mas omitindo a maioria dos "r" finais e dos "i" intermediários e, em alguns casos, até algumas sílabas.

Nota 2 — Dicção razoável, com a pronúncia compreensível da maioria das palavras, mas omitindo muitas sílabas.

Nota 1 — Dicção sofrível, com a pronúncia quase incompreensível de muitas palavras, comprometendo o entendimento do sentido da mensagem.

Nota zero — Dicção muito ruim, com a pronúncia incompreensível de quase todas as palavras e comprometendo totalmente o entendimento da mensagem.

Volume — É a altura, a intensidade da voz; a maneira audível como chega às pessoas que estão no fundo da sala.

O autor português Gonçalves Viana, no seu livro também com o título de *A arte de falar em público*, diz que:

> *a voz aumenta o volume para melhor se fazer entender por muita gente, para auxiliar a expressão, para chamar alguém que esteja longe, para evocar ou imitar o ruído da multidão, da tempestade, etc. A voz decresce de volume quando se proferem palavras ternas, quando se dizem segredos, etc.*[46]

Temos que considerar também que, de maneira geral, em grandes ambientes, o orador faz uso do microfone, que amplifica o volume da voz. Nesse caso, o que tem de ser observado é a correta utilização do aparelho.

Em nossa pesquisa, a atribuição dos conceitos para o volume obedeceu aos seguintes critérios:

---

46. Mário Gonçalves Viana, *A arte de falar em público*, p. 157.

Nota 5 — Volume de voz perfeito para o ambiente (nem alto, nem baixo demais) e apropriado para o sentido da mensagem transmitida.

Nota 4 — Volume de voz bom para o ambiente, necessitando apenas de pequenos ajustes, pois, em determinados momentos, foi um pouco baixo ou um pouco alto demais, e, em algumas circunstâncias, não foi tão adequado ao sentido da mensagem.

Nota 3 — Volume de razoável para bom, pois, embora tenha sido muito alto ou baixo em alguns momentos, foi suficiente para que os ouvintes compreendessem a mensagem. Não ajudou muito na interpretação do sentido das informações.

Nota 2 — Volume razoável, permitindo a compreensão da mensagem a maior parte do tempo. Sua falta de coerência com o sentido da mensagem comprometeu a compreensão dos ouvintes.

Nota 1 — Volume sofrível, praticamente inaudível a maior parte do tempo, dificultando a compreensão do sentido da mensagem. Podemos incluir neste conceito aqueles que falam alto demais, irritando os ouvintes.

Nota zero — Volume muito ruim. No final da apresentação, quase ninguém na platéia soube qual o assunto tratado e os ouvintes não entenderam o sentido da mensagem.

Velocidade — Não se deve impor uma velocidade padrão para todos os oradores, pois cada um falará mais depressa ou devagar, dependendo da sua capacidade de respiração, da sua emoção, da sua dicção e do tipo de sentimento transmitido.

Independentemente das características peculiares do orador, a velocidade, quando pode ser escolhida, apresentará vantagens quando se fala rápido ou lentamente. Majorana, em *A teoria da eloqüência,* aponta os benefícios que o orador teria falando de maneira rápida ou lenta:

Em boa verdade, há tantas razões para falar depressa como para discorrer lentamente. A velocidade agrada, geralmente, ao público, porque se lhe apresenta como espelho de uma consciência segura das suas convicções: parece a expressão imediata de um espírito sincero e, ao mesmo tempo, uma brilhante manifestação de sólidas qualidades intelectuais. É, também, útil ao orador, porque lhe permite deslizar rapidamente sobre as partes eventualmente fracas do discurso: arrasta e aturde, só permitindo a crítica sintética, que é impressionista, portanto mais facilmente benévola, em vez de analítica, que costuma ser pedante e dissolvente.

Pelo contrário, a lentidão é útil, não só porque permite saborear, ponto por ponto, as partes apreciáveis do discurso, mas também porque parece que — servindo-se o discurso, pouco a pouco, aos auditores — se convidam estes, mais franca e eficazmente, a colaborar com o orador, fazendo-lhe pesar cada palavra com balanças de precisão. E isto é bom, a não ser que, pela identidade dos contrários, indisponha, fazendo quem fala parecer um empolado amplificador das suas míseras preciosidades ou um incansável rebuscador das idéias perdidas por outros. Mas deve ainda notar que, falando muito depressa, se cai na monotonia, se torna defeituosa a entonação, se insiste no fastidioso recurso rítmico de precipitadas frases terminais. Há sempre o perigo de, a todo momento, iniciar períodos difíceis, aos quais não é possível dar um fim apropriado: como que apanhado num beco sem saída, sem possibilidade de regresso, o incauto orador não tem, em tais casos, outra salvação que não seja saltar muros e fossos, quebrar, bruscamente o período, entregando-se à mais exagerada correria gramatical e lógica.[47]

47. Ângelo Majorana, *A teoria da eloqüência*, p. 63 e 64.

Em nossa pesquisa, a atribuição dos conceitos para a velocidade obedeceu aos seguintes critérios:

Nota 5 — Velocidade ideal para o orador, para o assunto e para a circunstância. Velocidade que permitiu a interpretação correta do sentimento da mensagem, sem que o orador demonstrasse qualquer esforço para atingir esse objetivo. Durante a apresentação, a velocidade não prejudicou o entendimento das palavras quando foi rápida, nem fez com que os ouvintes se sentissem entediados ou ficassem desconcentrados quando foi lenta.

Nota 4 — Boa velocidade. Permitiu o entendimento das palavras, não prejudicou a concentração dos ouvintes e interpretou de maneira razoável o sentimento da mensagem.

Nota 3 — Embora não tenha prejudicado o entendimento das palavras e sim ajudado a manter a concentração dos ouvintes, às vezes, pelo nervosismo ou pela ansiedade, o orador foi rápido demais e, em outros momentos, pela falta de vocabulário ou ordenação da mensagem, foi muito lento.

Nota 2 — O orador falou muito rápido ou muito lentamente e não correspondeu ao sentimento da mensagem, prejudicando o entendimento das palavras, ou permitiu que os ouvintes perdessem o interesse pela mensagem.

Nota 1 — Velocidade sofrível, que prejudicou a compreensão das palavras. Quando acelerou a velocidade, juntou as palavras na mesma pronúncia sem inflexão de voz para pausas ou conclusão de frases. Suprimiu sílabas e às vezes até a própria palavra. Quando falou devagar, a velocidade foi tão lenta que desmotivou os ouvintes a acompanhar o raciocínio. Geralmente, nessa situação, as pausas, sempre muito prolongadas, podem ter sido agravadas por tiques como ãããã, ééé, iii, emitidos até com volume maior do que as próprias palavras.

Nota zero — A velocidade não permitiu a compreensão das palavras nem da mensagem. O defeito mais grave se deu com a velocidade muito acelerada, suprimindo sílabas, palavras e pausas. Raramente a incompreensão ocorreu pelo fato de o orador ter falado muito lentamente, mas pode ter acontecido em alguns casos em que ele tenha pensado tanto para pronunciar a palavra que os ouvintes não conseguiram perceber o sentido do termo dentro da mensagem.

Ritmo — O ritmo da fala é composto pela alternância da velocidade da fala e do volume da voz, das pausas, das inflexões e das entonações utilizadas para a interpretação do sentimento transmitido pelas palavras.

Podemos associar e comparar o ritmo da fala com o próprio ritmo da música, que tem na sua dinâmica, ora mais rápida, ora mais lenta, um dos maiores recursos para a beleza da sua execução.

Honorato, em *Synopse de eloqüência nacional,* explica a utilidade dessa alternância na comunicação:

> *Deve pronunciar (o orador) tão distintamente, que mostre a diferença do sentido, elevando mais a voz, ou descansando convenientemente, a fim de tomar um pouco de fôlego e dar tempo ao auditório para meditar um pouco.*[48]

Em nossa pesquisa, a atribuição dos conceitos para o ritmo obedeceu aos seguintes critérios:

Nota 5 — Voz que transmitiu a mensagem como se fosse uma música agradável que todos desejaram ouvir. Alternou com facilidade e de maneira apropriada

48. Manoel Costa Honorato, *Synopse de eloqüência nacional*, p. 127.

o volume da voz e a velocidade da fala, fazendo com que os ouvintes compreendessem bem o sentimento da informação. Como é uma qualidade muito rara de se encontrar e esteve presente na comunicação do orador, conquistou a atenção dos ouvintes do princípio à conclusão da fala.

Nota 4 — Bom ritmo. Produziu, na maior parte do tempo, a alternância da velocidade da fala e do volume da voz, permitindo a boa comunicação do sentimento da mensagem.

Nota 3 — Ritmo de razoável para bom, pois, embora não tenha ocorrido a alternância constante da velocidade da fala e do volume da voz, nos momentos em que aconteceu foi produzida corretamente. Na maior parte do tempo ajudou na comunicação apropriada do sentimento da mensagem.

Nota 2 — O ritmo apareceu muito raramente, prevalecendo quase sempre a mesma velocidade da fala e o mesmo volume da voz, normalmente sem contribuir para a identificação do sentimento da mensagem.

Nota 1 — Ritmo sofrível, sem variação da velocidade da fala e do volume da voz, com pausas inadequadas, truncando a seqüência das informações e comprometendo a compreensão do sentimento da mensagem.

Nota zero — Não existiu ritmo. A fala foi monótona, sem colorido, mudando até o verdadeiro sentido da mensagem.

Sonoridade — É a beleza da voz. Segundo o professor Silveira Bueno, é a voz do barítono que vai até o tenor, que é a mais aguda, e pode descer até o baixo profundo, que é a tonalidade mais grave. No caso da mulher, por associação, podemos dizer que é a meio-soprano, que vai até a soprano, a mais aguda, e pode descer até a contralto, que é a tonalidade mais grave.

Quando a personagem de Kafka, em *O processo*, na desesperada busca da explicação do incompreensível processo em que estava envolvida, entra em uma igreja e define a voz do padre que pregava como sendo uma "voz cultivada", estava na verdade se referindo à sonoridade, que, com o uso ao longo do tempo, pela respiração correta e a harmonia da participação dos ressoadores, boca, nariz e faringe, na sua produção, adquiriu essa qualidade, essa beleza, esse equilíbrio admirável.

Mais uma vez podemos recorrer à música para entender melhor a sonoridade da voz, pois faz parte desta qualidade o timbre. E o timbre da voz pode ser explicado a partir dos instrumentos musicais — a mesma nota tocada por instrumentos diferentes pode identificá-lo. O mesmo ocorre com a voz, pois o timbre distingue a pessoa que o produz.

Em nossa pesquisa, a atribuição dos conceitos para a sonoridade obedeceu aos seguintes critérios:

Nota 5 — Voz agradável, que foi do agudo ao grave com facilidade, sem que o orador demonstrasse qualquer esforço para atingir esse objetivo. Foi, como se referiu o jornalista Humberto Werneck para definir a voz bonita e agradável de um orador: "uma voz redonda, radiofônica".

Nota 4 — Voz com boa qualidade sonora, utilizando bem a respiração e o aparelho ressoador.

Nota 3 — Sonoridade de razoável para boa. Teve quase sempre uma voz agradável, embora tenha ficado evidente o seu esforço quando desejou passar de sons graves para agudos e vice-versa.

Nota 2 — Voz com pouca sonoridade, quase desagradável, sem alternâncias nos tons.

Nota 1 — Voz feia, sem qualidade estética. Ou foi sempre excessivamente grave ou excessivamente aguda, desmotivando os ouvintes a acompanhar a mensagem.

Nota zero — Voz com problema. Pode ter sido estridente, ter agredido os ouvintes, ter sido rouca com falhas ou ainda tão grave que não pôde ser compreendida.

Pausa — A pausa é um dos maiores indicadores da naturalidade e um dos mais preciosos recursos para a expressividade. Na obra *Técnicas básicas para hablar en público*, Stuart mostra quais são as características e as vantagens para o uso da pausa:

Deverá deixar espaço entre as palavras, mas também entre as idéias. Lembre-se da dificuldade que é para o ouvinte acompanhar a palavra falada, portanto quando mudar de tema, ou se referir a um assunto diferente, faça uma pausa a fim de facilitar a compreensão da platéia.

Os oradores iniciantes pensam que fazer pausas é uma das técnicas mais difíceis de aprender, mas é um dos meios mais eficientes para manter desperta a atenção da platéia.

(...) As pausas só têm força e efeito se são silenciosas. *Os oradores que não suportam o silêncio, preenchem-no com o ruído que faz seu cérebro em busca das palavras exatas que deseja dizer. Quando seu cérebro está em pleno funcionamento emite sons como ehh, humm, mmm, que não são palavras, mas sim sons que não significam nada e só servem para distrair os ouvintes. Aprenda a pensar em silêncio. Tome consciência de que em suas conversas diárias se utiliza bastante de outras muletas como "quer dizer", "você sabe", "na verdade", "você sabe ao que me refiro", etc. Proponha-se eliminá-las radicalmente de seu vocabulário, visto que são totalmente desnecessárias e indicam uma falta de concentração de sua parte.*[49]

49. Cristina Stuart, *Técnicas básicas para hablar en público*, p. 100 .

Em nossa pesquisa, a atribuição dos conceitos para as pausas obedeceu aos seguintes critérios:

Nota 5 — As pausas foram usadas com perfeição. No meio do raciocínio, indicaram que o pensamento continuou a ser exposto, enquanto no final revelaram que a idéia foi concluída. Quando a informação transmitida foi muito importante, a pausa foi feita de maneira prolongada, para que os ouvintes sentissem a importância da mensagem que acabaram de ouvir e refletissem sobre ela.

Nota 4 — As pausas foram boas e, embora não tenham produzido uma expressividade excepcional na mensagem, valorizaram a informação e permitiram que os ouvintes pensassem a respeito.

Nota 3 — As pausas foram de razoáveis para boas. Na maioria das vezes, indicaram que o raciocínio foi concluído, mas de vez em quando essa indicação foi incorreta, pois o pensamento ainda teria seqüência e elas truncaram as idéias.

Nota 2 — Pausas pouco expressivas, longas ou curtas demais, sem expressividade. Deram a idéia de que o pensamento teria seqüência, quando o raciocínio já tinha sido concluído, ou, ainda, deram a idéia de que o raciocínio já tinha sido concluído quando outras informações deveriam ser transmitidas para concluir a mensagem.

Nota 1 — Pausas inadequadas ou inexistentes durante toda a apresentação. Truncaram tanto as informações que os ouvintes tiveram dificuldade para entender e, conseqüentemente, perderam a concentração.

Nota zero — As pausas foram tão inadequadas e incorretas que chegaram a mudar totalmente o sentido da mensagem, impedindo, assim, que os ouvintes compreendessem as informações transmitidas.

1.5 Vocabulário

A palavra pronta, apropriada para a idéia que se deseja transmitir, adequada aos ouvintes, de acordo com a sua formação intelectual e familiaridade com o tema abordado, sem vícios ou incorreções gramaticais na construção das frases, este é o objetivo do orador e o que se espera dele quando está falando diante da platéia.

Na obra *Oratória eficiente hoje*, D'Araujo comenta sobre a importância da boa linguagem na comunicação:

> *Seja qual for o tipo do discurso, de auditório e ocasião é, a correção de linguagem, condição indispensável para o êxito de quem fala em público.*
>
> *Com isto não queremos dizer que somente os puristas possam fazer uso da palavra ou que o orador, preletor ou expositor deve exprimir-se na linguagem de seu tempo. E a língua está sempre em transformação. "As palavras", já afirmava o velho Horácio, "caem como as folhas das árvores, ao passo que surgem outras cheias de viço."*
>
> *"A correção", ensina o Prof. Julio Nogueira, "entende-se dentro do panorama da língua. Ela é fácil para quem conhece as leis da gramática, mas exige muita atenção. O entusiasmo de quem escreve, empolga-o, às vezes, de tal forma que ele não sente a pequenina e pérfida incorreção que escapa de sua pena."*
>
> *A mesma observação aplica-se ao orador, cujo discurso de exuberante beleza e perfeição, quando proferido de viva voz, aparece eivado de irregularidades nas provas taquigráficas.*
>
> *"A língua", continua o Prof. Nogueira, "há de acompanhar os progressos das criações humanas. Se assim não fosse não poderíamos exprimir idéias concernentes a inúmeras invenções, descobertas, fenômenos desconhecidos, usos da sociedade, etc.".*

Isto, porém, não justifica o abuso de termos novos, os chamados "neologismos verdes" (...) Mas não são apenas os erros de concordância e regência ou de acentuação dos vocabulários que ameaçam o orador de provável derrota.

(...) Firmado nos cânones gramaticais, o orador saberá proceder com o necessário equilíbrio a fim de que tal não aconteça, do mesmo modo que evitará as expressões vulgares.[50]

Atribuição de conceitos para as características do vocabulário

As características mais importantes do vocabulário que analisamos em nossa pesquisa foram: amplitude, propriedade, gramática e tiques.

Amplitude — É a quantidade de palavras à disposição e a facilidade com que elas são utilizadas para identificar o pensamento.

O Dr. Waldir Troncoso Peres, um dos oradores mais destacados na advocacia criminal em todos os tempos, em palestra a estudantes de oratória, revelou que, quando ainda freqüentava a Faculdade de Direito, às vezes sentia um certo tolhimento do raciocínio por não encontrar facilmente a palavra que desejava. Só depois, com a prática de longos anos freqüentando a tribuna do júri, pôde desenvolver uma qualidade que chamou de automatização da fala. Ressaltou que:

enquanto o orador estiver preocupado com a palavra que vai dizer, com o verbo que irá conjugar, com o adjetivo e o substantivo que irão compor a frase que deverá refletir o seu pensamento, estará preso à forma da comunicação e sofrerá, com isso, um rebate de produtividade.

50. Ignez Barreto Correia D'Araujo, *Oratória eficiente hoje*, p. 110.

Só depois que o orador não tiver mais que pensar no que vai dizer e em como vai dizer é que terá incorporado a automatização da fala e poderá transmitir suas idéias sem o atrelamento à forma.[51]

Em nossa pesquisa, a atribuição dos conceitos para a amplitude obedeceu aos seguintes critérios:

Nota 5 — Vocabulário amplo, variado e pronto, sem repetições desnecessárias, sem hesitações, compondo com harmonia as frases como se fosse um texto lido, embora tenha sido proferido de improviso.

Nota 4 — Bom vocabulário, com grande quantidade de palavras, surgindo rapidamente para identificar o pensamento, com poucas hesitações e algumas repetições desnecessárias.

Nota 3 — Vocabulário de amplitude razoável para boa, com algumas hesitações e demora para encontrar a palavra apropriada. Alguns termos foram repetidos muitas vezes.

Nota 2 — Vocabulário com amplitude razoável, com muitas hesitações e longas pausas para encontrar o termo desejado, formado de poucas palavras e muitas repetições.

Nota 1 — Vocabulário com amplitude ruim. As poucas palavras disponíveis foram encontradas com dificuldade e pronunciadas com muita repetição.

Nota zero — Quantidade de palavras insuficiente para identificar o pensamento, impedindo a compreensão da mensagem.

Propriedade — É a escolha das palavras para transmitir as informações, levando em conta o assunto tratado e as características dos ouvintes.

---

51. Waldir Troncoso Peres, palestra proferida na Casa Nobre Colonial em São Paulo, em 1994, in Reinaldo Polito, *Como se tornar um bom orador e se relacionar bem com a imprensa*, p. 39.

A propriedade do vocabulário é o próprio conteúdo da mensagem, porque é com a palavra adequada que o orador corporifica o pensamento que deseja transmitir. O conteúdo é, em última análise, a informação comunicada pela palavra.

Barbosa, em *A arte de falar em público*, orienta sobre a importância de se usar as palavras com propriedade:

> *Esforça-se para empregar a palavra justa, o termo vivo, expressiva, que traduz exatamente o pensamento ou a idéia; a procura da palavra justa ajuda a precisar o pensamento ou a imagem, a determinar-lhe os limites e as mudanças.*
>
> *Livrar-se das expressões fracas ou vagas. Fazer uso de termos ricos de sentido. Comparar as mudanças de sentido ou de emprego das palavras consideradas como "sinônimos" e que não têm exatamente a mesma significação.*[52]

Em nossa pesquisa, a atribuição dos conceitos para a propriedade obedeceu aos seguintes critérios:

Nota 5 — Uso de palavras perfeitas, que identificaram exatamente o pensamento e o conteúdo que se desejou transmitir. Foi um vocabulário que, além de identificar de maneira correta a mensagem, também se mostrou apropriado para o tipo de ouvintes que estava na platéia, de acordo com seu nível intelectual, formação profissional, idade e experiência.

Nota 4 — Palavras com boa propriedade que identificaram muito bem o pensamento e o conteúdo que se pretendeu comunicar. Foi um vocabulário que procurou se adaptar às características dos ouvintes, para que a mensagem fosse bem compreendida.

Nota 3 — Vocabulário com propriedade de razoável para boa. Embora não tenha sido perfeitamente adap-

---

52. Osmar Barbosa, *A arte de falar em público*, p. 126 e 127.

tado às características dos ouvintes, não prejudicou a compreensão da mensagem, pois identificou o conteúdo.

Nota 2 — Propriedade razoável do vocabulário. Foi genérico demais para os ouvintes com características determinadas, ou específico demais para ouvintes heterogêneos sem características predominantes. Chegou a dificultar a compreensão da mensagem. Não identificou bem o pensamento do orador e o conteúdo que pretendia comunicar.

Nota 1 — Propriedade sofrível do vocabulário. Muitas palavras possuíram significado incompreensível para os ouvintes e atrapalharam a identificação do pensamento do orador, podendo mesmo ter dado outro sentido ao conteúdo da mensagem.

Nota zero — O vocabulário utilizado não identificou o conteúdo e não teve nenhuma ligação com as características dos ouvintes, que não conseguiram entender o sentido da mensagem.

Gramática — É o conjunto de todas as regras que possibilitam a utilização correta da linguagem falada e escrita.

É a construção das frases, a conjugação dos verbos, as concordâncias, sem que o orador se sinta obrigado a falar como se estivesse escrevendo, podendo, assim, mesmo com toda a correção, manter a naturalidade. Mooney, em *La Oratoria*, comenta que, embora o uso correto da língua seja importante, não deverá, entretanto, tolher o orador:

> *O orador tem um compromisso com o idioma. Deve restituir à comunidade lingüística um idioma melhor que o que recebeu dela.*
>
> *O idioma não é coisa acabada, é ferramenta dinâmica, sempre em fase de mudança e de aperfeiçoamento. É preciso penetrar o idioma, trabalhá-lo, burilá-lo e forjá-lo.*

O idioma não é algo embalsamado, para o deleite de eruditos acadêmicos, é um vetor resultante de inovações e tradições.[53]

Em nossa pesquisa, a atribuição dos conceitos para a gramática obedeceu aos seguintes critérios:

Nota 5 — Gramática perfeita, com todos os verbos conjugados corretamente e as concordâncias feitas de acordo com as regras da boa linguagem. Para merecer a nota máxima neste item, o orador deveria fazer uso das regras gramaticais naturalmente, sem demonstrar nenhum esforço.

Nota 4 — Gramática de boa qualidade. As incorreções foram próprias da fala de improviso, como, por exemplo, ter iniciado as frases com o pronome antes do verbo.

Nota 3 — Gramática de razoável para boa. O orador cometeu algumas incorreções, principalmente quanto às concordâncias, mas como a fala foi de improviso, os ouvintes provavelmente não o tenham julgado com tanto rigor.

Nota 2 — Gramática razoável. Neste caso o orador não se preocupou muito com o uso da linguagem correta. Conjugou mal alguns verbos e se atrapalhou nas concordâncias. Ficou evidente que se tratou de uma gramática com muitas imperfeições, que pode ter comprometido a imagem do orador.

Nota 1 — Gramática ruim, sem qualidade, que demonstrou a falta de preparo e de formação do orador. Prejudicou também a compreensão da mensagem.

Nota zero — Demonstrou ignorância e falta de preparo mínimo para o orador. Não soube conjugar ver-

53. Alfredo Mooney, *La Oratoria*, p. 143.

bos, fazer concordâncias, e as construções das frases foram praticamente todas incorretas.

Tiques — Os tiques, na comunicação falada, são os sons emitidos sem nenhuma finalidade. Tiram a beleza da apresentação e podem comprometer a concentração dos ouvintes. Os mais conhecidos são: né?, tá?, huumm, ããã, *ééé*.

Ao tratar das funções da linguagem (desenvolvidas no anexo 1), Jakobson elege como uma delas a função fática, que também se vale das expressões *né?* e *tá?* como um recurso para prolongar ou encerrar a comunicação, com o objetivo de testar o funcionamento do canal.

Quando nos referimos a esses sons como tiques, estamos considerando a emissão involuntária, normalmente originada pela falta de consciência do orador, que não se dá conta do seu uso, ou por insegurança, ou por julgar que os ouvintes não estão levando em consideração sua mensagem.

Ao analisarmos essas imperfeições da comunicação, os comentários foram feitos a partir da obra *Técnicas básicas para hablar en público*, de Stuart. Trata-se, ainda, da questão da pausa, só que agora estudando sua influência na qualidade do vocabulário.

Em nossa pesquisa, a atribuição dos conceitos para os tiques obedeceu aos seguintes critérios:

Nota 5 — Apresentação isenta de qualquer tique. Pausas sempre silenciosas, contribuindo para valorizar as informações transmitidas, permitir a reflexão e o entendimento dos ouvintes e ainda criar expectativas para a continuidade da mensagem.

Nota 4 — Os poucos sons que apareceram como *né?* ou *huumm* não chegaram a comprometer a comunicação.

Nota 3 — Alguns sons repetidos com razoável freqüência, embora possam não ter comprometido a qualidade da comunicação, poderiam ser eliminados ou pelo menos reduzidos para que a fala tivesse fluência mais livre.

Nota 2 — Os sons apareceram com freqüência e chegaram a perturbar a concentração dos ouvintes.

Nota 1 — Praticamente em todos os finais de frases o orador usou *né?*, *tá?* ou outros tiques que truncaram a fluência da fala e atrapalharam muito o entendimento dos ouvintes. O excesso de *huumm* também provocou o mesmo prejuízo à comunicação.

Nota zero — O uso dos tiques foi tão intenso e freqüente, que se tornou impossível compreender a mensagem e as intenções do orador.

1.6 Expressão corporal

O corpo é um dos meios mais importantes para a comunicação de uma mensagem. Segundo estudo de Mehrabian, já citado neste trabalho, o corpo tem uma influência de 55% na condução da mensagem, 7% para a palavra e 38% para a voz, o que demonstra bem a relevância da sua utilização correta para o sucesso do orador.

Líderes carismáticos, que influenciaram multidões com sua comunicação, tiveram na expressão corporal um dos recursos mais úteis para a conquista da platéia.

O gesto não pode ser analisado e interpretado isoladamente, e sim dentro de um contexto maior de que ele esteja participando. Em seu *livro How to read a person like a book*, Nierenberg e Calero dizem que:

> *Cada gesto é como uma palavra em uma língua. Para que possamos ser entendidos, devemos estruturar as palavras em unidades ou "sentenças" que expressam pensamentos completos. (...)*
>
> *Tentamos desencorajar os indivíduos de tirar conclusões precipitadas baseados na observação e na compreensão de gestos isolados.*

> *Entender a congruência de gestos em harmonia com outros é muito mais importante. Um gesto estático que dura alguns segundos pode ser contestado por um movimento anterior do corpo.*[54]

Os estudiosos da expressão corporal têm analisado as diferenças entre a mensagem transmitida pelas diversas partes do corpo.

Na obra *Human communication*, Tubbs e Moss dizem que:

> *Uma interessante questão levantada por Ekman (1965) é se as pistas dadas pelos movimentos do corpo são diferentes daquelas dadas pela cabeça e movimentos faciais. Suas descobertas indicam que a cabeça e o rosto sugerem qual emoção está sendo experimentada enquanto o corpo dá pistas a respeito da intensidade dessa emoção. As mãos, contudo, podem nos dar as mesmas informações que nós recebemos da cabeça e do rosto.*[55]

Atribuição de conceitos para as características da expressão corporal

As características mais importantes da expressão corporal que analisamos em nossa pesquisa são: pernas, tronco, braços, mãos, fisionomia e olhos.

Pernas — Todo o equilíbrio da postura do orador reside no posicionamento das pernas. Quando o orador se apóia ora sobre uma perna, ora sobre a outra, demonstrando que não está numa situação confortável diante da platéia, ou ainda quando as deixa demasiadamente abertas, ou muito juntas, prejudica sua postura como um todo e demonstra ao público que não está à vontade para falar.

---

54. Gerard I. Nierenberg e Henry H. Calero, *How to read a person like a book*, p. 7 e 8.
55. Stewart L. Tubbs e Sylvia Moss, *Human communication*, p. 157.

Ao contrário, aquele que distribui naturalmente o peso do corpo sobre as duas pernas e as movimenta com objetivos definidos, para se aproximar da platéia e conquistar os ouvintes que porventura estejam desatentos, ou para demonstrar maior envolvimento com a mensagem, demonstra segurança e aumenta suas chances de obter sucesso com a comunicação.

No livro *Successful presentation for dummies*, Kushner dá a seguinte orientação a respeito da movimentação das pernas:

> *Faça com que cada movimento conte realmente. Gesticulando, mudando de posição, andando de um lugar para outro — a movimentação deve dar sustentação à mensagem. Caminhar passo a passo é um exemplo de movimentação sem sentido que deve ser evitado.*[56]

Em nossa pesquisa, a atribuição dos conceitos para as pernas obedeceu aos seguintes critérios:

Nota 5 — Posicionamento perfeito das pernas, dando equilíbrio ao corpo, pernas sem rigidez e com movimentação que buscou sempre atingir algum objetivo com relação à platéia ou aos ouvintes. Quando foram realizados, tinham como intenção dar ênfase a determinadas informações, ou aumentar, ou reconquistar o interesse dos ouvintes.

Nota 4 — Bom posicionamento das pernas, dando equilíbrio ao corpo e com movimentos que, embora não buscassem dar ênfase a determinadas informações, ou aumentar o interesse dos ouvintes, também não interferiram na qualidade da apresentação.

Nota 3 — Posicionamento das pernas de razoável para bom, pois, em alguns momentos, ficou apoiado ora sobre uma, ora sobre a outra, tirando um pouco o equilíbrio do corpo. Também se enqua-

---

56. Malcolm Kushner, *Successful presentation for dummies*, p. 251.

dra neste conceito aquele que ficou com as pernas muito abertas ou muito fechadas. Os movimentos também não tiveram objetivos definidos.

Nota 2 — Posicionamento razoável das pernas. Mantiveram-se ou muito abertas ou excessivamente fechadas, ou com apoios, alternados ou não, sobre uma ou sobre a outra.

Embora os movimentos não tenham sido excessivos, não tiveram objetivos definidos e demonstraram certa insegurança do orador.

Nota 1 — Posicionamento ruim das pernas, demonstrando que o orador estava inseguro, com movimentação excessiva e sem nenhum equilíbrio para a postura. A apresentação do orador ficou prejudicada.

Nota zero — Posicionamento das pernas desastroso. O tempo todo o peso do corpo foi se alternando sobre uma ou sobre a outra. Também podem ter ficado muito abertas, ou excessivamente fechadas, com movimentos que demonstraram descontrole, insegurança e nervosismo do orador, interferindo de maneira muito negativa na apresentação, desviando a atenção dos ouvintes.

Tronco — O tronco pode ser considerado como uma das partes mais importantes para a projeção da personalidade do orador. O tronco curvado para frente normalmente transmite uma imagem enfraquecida e sem convicção; ao contrário, quando está com o peito estufado, muito saliente, de maneira geral, identifica uma imagem arrogante e prepotente.

O ideal, portanto, é um posicionamento equilibrado do tronco, que proporcione uma postura elegante e segura.

Na obra *Principles of speech communication*, Gronbeck e outros afirmam que:

> *A movimentação e a postura podem comunicar idéias a seu respeito para a platéia. O orador que permanece em pé, rígido, ereto pode, sem dizer uma palavra, estar*

dizendo "estou tenso, e até com medo desta platéia". O orador que se inclina para a frente, fisicamente dirigindo-se à platéia, freqüentemente está dizendo em silêncio "estou interessado em vocês. Quero que vocês entendam e aceitem minhas idéias". [57]

Essas considerações, que demonstram a importância da postura do orador diante da platéia, estão se referindo também, e de maneira mais destacada, ao posicionamento do tronco.

Em nossa pesquisa, a atribuição dos conceitos para o tronco obedeceu aos seguintes critérios:

Nota 5 — O posicionamento do tronco foi perfeito, pois não transmitiu a idéia de arrogância, nem de humildade no sentido pejorativo. O orador manteve boa postura, sem rigidez, e aproveitou os momentos em que olhava para a platéia para girar o tronco, fazendo com que o posicionamento, com essa flexibilidade, fosse natural.

Nota 4 — O posicionamento do tronco foi bom, pois não projetou uma imagem arrogante, nem, ao contrário, de alguém enfraquecido e sem convicção. Embora não tenha se movimentado para a esquerda e para a direita, enquanto olhava a platéia, não chegou a ficar totalmente rígido.

Nota 3 — O posicionamento do tronco foi de razoável para bom, pois foi correto na maior parte do tempo, apresentando apenas uma rigidez que demonstrou que o orador não estava muito à vontade. Pode ser enquadrado neste conceito também o orador que, embora não tenha comprometido a sua imagem, não usou o tronco para dar mais qualidade à sua apresentação, pois ficou com o corpo curvado para a frente ou para o lado.

57. Bruce E. Gronbeck, *Principles of speech communication*, p. 187.

Nota 2 — O posicionamento do tronco foi razoável, pois, pelo fato de ficar muito rígido, demonstrou artificialismo ou insegurança, e, por ficar excessivamente curvado para o lado, passou a idéia de negligência.

Tanto na primeira hipótese, quanto na última, o comportamento prejudicou a imagem do orador e a qualidade da mensagem.

Nota 1 — O posicionamento do tronco foi ruim, pois prejudicou muito a imagem do orador e desviou a atenção dos ouvintes da mensagem, pelo fato de ficarem mal impressionados com sua figura. Neste caso, além da rigidez, ou da maneira de o orador se curvar para a frente ou para o lado, observa-se comumente uma movimentação descontrolada do tronco, que impede a concentração dos ouvintes na mensagem.

Nota zero — O posicionamento do tronco foi desastroso, pois sua rigidez, a maneira como se curvou para a frente ou para o lado e a forma descontrolada como se movimentou chamaram tanto a atenção dos ouvintes que eles ficaram resistentes com relação à mensagem e ao orador, não aceitando seus argumentos e suas sugestões.

Braços e mãos — Normalmente quando falamos em expressão corporal, uma das primeiras imagens que vem à nossa mente é a gesticulação dos braços e das mãos, pelo fato de serem mais evidentes e chamarem mais atenção do que as outras partes do corpo.

A gesticulação, para ter qualidade, deve acompanhar o ritmo da fala, a inflexão e o tom da voz, além de identificar de maneira correta o sentido da mensagem, transmitida com as palavras, ou deixá-la apenas subentendida.

Os dois erros mais comuns são a falta de gestos, pois sem eles fica mais difícil a comunicação da mensagem, e o excesso de gesticulação, pelo fato de chamar a atenção de maneira demasiada e, como conseqüência, tirar a concentração dos ouvintes.

Os gestos, quando se apresentam com naturalidade, geralmente são alternados nos movimentos e na posição de apoio; realizados acima da linha da cintura e abaixo da altura da cabeça; partem do ombro, realizados com o braço todo e não apenas com o antebraço, partindo do cotovelo; aguardam com calma a complementação da mensagem, antes de voltar à posição de apoio.

As mãos, da mesma maneira, precisam ter os movimentos alternados, sem falta nem excesso e, principalmente, auxiliar na identificação e na valorização da mensagem. Tubbs e Moss dizem que:

> *Os antropólogos distinguem a espécie humana de outros animais pelo uso que fazemos da linguagem e também pela nossa destreza manual superior. Mãos flexíveis capacitaram seres humanos a usar ferramentas e a desenhar uma variedade ampla de gestos ao se comunicarem. Não é de surpreender, então, que como uma modalidade de comunicação não verbal os gestos com as mãos estão em segundo lugar de importância, perdendo apenas para as expressões faciais.*[58]

Em nossa pesquisa, a atribuição dos conceitos para os braços e mãos obedeceu aos seguintes critérios:

Nota 5 — Gesticulação perfeita, pois os movimentos e a posição de apoio foram naturais, alternados, realizados com o braço todo, partindo do ombro, sem pressa de voltar à posição de apoio, acompanhando de maneira correta o ritmo da fala, a inflexão e o tom de voz, e identificando e valorizando o sentido da mensagem. O orador não apresentou falta nem excesso de gestos.

58. Stewart L. Tubbs e Sylvia Moss, *Human communication*, p. 158.

Nota 4 — Gesticulação boa, pois os movimentos e a posição de apoio foram de maneira geral naturais, com pouca repetição, na maioria das vezes realizados com o braço todo, partindo quase sempre dos ombros, voltando poucas vezes de forma precipitada à posição de apoio, e, na maior parte do tempo, acompanharam o ritmo da fala e a inflexão da voz, identificando e valorizando em vários momentos o sentido da mensagem.

Nota 3 — Gesticulação de razoável para boa, pois em poucos momentos deixou de acompanhar o ritmo da fala e a inflexão e o tom da voz. Às vezes houve falta ou excesso de gestos, mas isso não comprometeu a apresentação. Em diversos momentos o orador deixou de identificar e valorizar o sentido da mensagem, sem, entretanto, prejudicar seu entendimento.

Nota 2 — Gesticulação razoável, pois o orador ou não gesticulou a maior parte do tempo ou gesticulou demais. Também a falta de identificação do sentido da mensagem com os gestos fez com que a qualidade da apresentação fosse prejudicada.

Nota 1 — Gesticulação ruim, pois ou ficou o tempo todo com os braços e as mãos parados ou se movimentou de maneira excessiva, sem coerência com o ritmo da fala, a inflexão ou o tom da voz, comprometendo a compreensão da mensagem.

Nota zero — A gesticulação prejudicou a apresentação e criou resistência nos ouvintes em relação à mensagem. São casos em que o orador passou o tempo todo se coçando, esfregando as mãos ou com elas nos olhos, com os braços cruzados ou com eles nas costas.

Fisionomia e olhos — Observamos há pouco, na transcrição da passagem do livro *Human communication*, que a expressão facial é a parte mais comunicativa do corpo.

A fisionomia deve auxiliar na complementação e na condução das informações, além de se constituir num elemento de coerência entre as palavras e a atitude do orador. Não pode, por exemplo, o orador falar da tristeza com sorriso no semblante, nem agir também de maneira contrária, discorrer sobre a alegria com o semblante entristecido.

Dentro da fisionomia, os olhos possuem importância especial, pois, com eles, o orador consegue avaliar a reação dos ouvintes com relação à sua mensagem e fazer com que as pessoas na platéia se sintam prestigiadas e incluídas no ambiente quando percebem que ele olha na sua direção. Kushner diz que:

> *O contato visual também serve para outras funções importantes. Ele oficialmente inicia a comunicação. Você pode conversar com as outras pessoas, mas nada mais conta até que o contato visual seja estabelecido. Numa situação de apresentação, significa manter contato visual com toda a platéia. Você quer que todos saibam que você está falando com eles.*
>
> *Além disso, o contato visual é uma rua de duas mãos. O contato visual que a platéia dá é o "feedback" crucial sobre a sua apresentação. Você precisa saber como as pessoas estão se sentindo — com tédio, entusiasmo, interesse, raiva — a fim de fazer os necessários ajustes durante a apresentação.*[59]

Em nossa pesquisa, a atribuição dos conceitos para fisionomia e olhos obedeceu aos seguintes critérios:

Nota 5 — A comunicação da fisionomia e dos olhos foi perfeita, pois existiu coerência entre as palavras e a expressão facial, e o jogo fisionômico contribuiu para complementar e conduzir a mensagem. Os olhos mantiveram contato o tempo todo com a

59. Malcolm Kushner, *Successful presentation for dummies*, p. 247.

platéia, conseguindo assim analisar como as pessoas estavam se comportando diante da mensagem que recebiam, e, ao mesmo tempo, fazer com que elas se sentissem participantes do processo de comunicação. Essa atitude do orador possibilitou também um posicionamento mais natural.

Nota 4 — A comunicação da fisionomia e dos olhos foi boa, pois não existiu contradição entre as palavras e a atitude do orador, embora, às vezes, os ouvintes deixassem de identificar seus sentimentos. Os olhos mantiveram contato quase o tempo todo com a platéia, permitindo uma análise de boa parte da reação dos ouvintes e fazendo com que quase todas as pessoas se sentissem participantes do processo de comunicação.

Nota 3 — A comunicação da fisionomia e dos olhos foi de razoável para boa, pois, embora fosse impassível ou expressiva em excesso em alguns momentos, não chegou a prejudicar a apresentação. Os olhos fugiram do contato com a platéia, impedindo assim que o orador percebesse o comportamento dos ouvintes e não valorizasse a presença deles. Também essa falta de comunicação visual não comprometeu a compreensão da mensagem.

Nota 2 — A comunicação da fisionomia e dos olhos foi razoável, pois em vários momentos entrou em contradição com as palavras, fazendo com que os ouvintes pudessem duvidar das intenções do orador. Os olhos ou passearam pelo ambiente sem ver os ouvintes, ou fugiram da platéia a maior parte do tempo, ou apresentaram um brilho que demonstrava que o orador não estava à vontade e talvez estivesse apenas reproduzindo palavras que tinham sido decoradas.

Nota 1 — A comunicação da fisionomia e dos olhos foi ruim, pois entrou em contradição com as palavras quase o tempo todo, comprometendo a credibilidade do orador. Os olhos se desviaram o tempo todo da platéia, tirando o interesse dos ouvintes pela apresentação.

Nota zero — O orador transmitiu uma mensagem com as palavras e outra totalmente distinta com a fisionomia. Os olhos ficaram o tempo todo voltados para o chão, para o teto ou para o vazio. Essa atitude criou resistência nos ouvintes com relação à mensagem e ao orador, comprometendo toda a apresentação.

1.7 Retórica

Referindo-se a Aristóteles, Reboul, na obra *Introdução à retórica*, define a retórica como sendo "a arte de persuadir pelo discurso". Hoje, com a banalização do termo, a retórica assume até um sentido pejorativo. É muito comum a imprensa se referir às promessas de um político dizendo que "tudo não passa de retórica".

Alguns autores, como Perelman e Olbrechts-Tyteca, retomaram o estudo e a pesquisa da retórica, procurando dar a ela uma roupagem mais moderna e apropriada para os dias atuais, tanto que sua obra *Tratado da argumentação*, recebeu o subtítulo de "A nova retórica".

Dentro do nosso estudo, consideraremos a retórica como tendo, além do objetivo de persuadir, o de fazer a ordenação da fala nas suas diversas etapas, desde o início até a conclusão.

Atribuição de conceitos para as características da retórica

As partes da apresentação que analisamos na nossa pesquisa foram: introdução, preparação, assunto central e conclusão.

Introdução — É o início da fala, o momento em que o orador deve se dedicar à conquista dos ouvintes, cativando sua simpatia, despertando-lhes o interesse e a atenção e afastando suas possíveis resistências.

Perelman e Olbrechts-Tyteca sustentam que o objetivo do exórdio (introdução) é o de *"conquistar o auditório, captar a benevolência, a atenção, o interesse"*.[60]

Na introdução, o orador deve buscar três grandes objetivos:

- conquistar a simpatia dos ouvintes, elogiando honestamente a platéia, usando suas próprias características de humildade e simpatia e demonstrando envolvimento com o assunto e o ambiente;
- conquistar a atenção, com frases de impacto, fatos bem-humorados, reflexões, apresentação dos benefícios do assunto e narrativas interessantes;
- quebrar a resistência, mostrando pontos de vista semelhantes com os ouvintes, revelando sutilmente autoridade sobre o tema, criando pontos de identidade com o auditório, aproveitando circunstâncias de pessoa, de lugar e de tempo e prometendo brevidade.

Em nossa pesquisa, a atribuição dos conceitos para a introdução obedeceu aos seguintes critérios:

Nota 5 — A introdução foi excelente, apropriada para a circunstância, de acordo com o assunto, com a característica do público e proporcional à duração do discurso. Foi uma introdução que, na definição de Cícero, motivou o ânimo do ouvinte para que recebesse bem o restante da fala.

Nota 4 — A introdução foi de boa qualidade. O orador procurou usar recursos para conquistar os ouvintes, desenvolvendo o início proporcional à duração da fala.

Nota 3 — A introdução foi de razoável para boa. O orador utilizou recursos que poderiam conquistar os

60. Chaim Perelman e Lucie Olbrechts-Tyteca, *Tratado da argumentação: a nova retórica*, p. 561.

ouvintes no início da fala, sem, entretanto, considerar se seriam os mais indicados para as características daquela platéia. Por exemplo, pode ter prometido brevidade, que é um recurso para quebrar a resistência dos ouvintes com relação ao ambiente, quando, na verdade, a resistência da platéia era com relação ao assunto ou ao orador.

Nota 2 — A introdução foi razoável, pois não levou em conta as características dos ouvintes e não atendeu à proporcionalidade do tempo de duração da fala. Teve pouca influência na disposição da platéia.

Nota 1 — A introdução foi sofrível, pois não considerou recursos recomendados para a conquista dos ouvintes, comprometendo toda a apresentação e interferindo de maneira negativa no andamento da apresentação.

Nota zero — Não existiu a introdução, e os recursos utilizados no início da fala agravaram ainda mais a resistência e a falta de atenção dos ouvintes.

Preparação — É o momento em que o orador deve se dedicar a facilitar o entendimento dos ouvintes, para que possam compreender bem a mensagem que será transmitida. Nesta etapa deverá, sempre que a circunstância não tenha, por si, cumprido essa tarefa, revelar qual é o assunto que pretende desenvolver, o problema que será solucionado, o retrospecto daquele fato presente que será apresentado e as partes que irá cumprir ao longo da exposição.

Embora a preparação possa ser dividida em três partes distintas — proposição, narração e divisão ou partição —, todas terão o objetivo de facilitar o entendimento dos ouvintes. Na obra *Lições elementares de eloqüência nacional,* que, segundo o próprio autor, se baseou nas *Instituições oratórias*, de Quintiliano, Carvalho diz:

> *Vê-se, em conseqüência do que fica dito, que nenhuma diferença essencial existe entre proposição, parti-*

ção e narração; pois qualquer delas serve para o orador informar a seu modo os ouvintes do assunto, sobre que lhes vai falar, e por isso, não obstante o serem designadas por nomes diferentes, não constituem outras tantas partes diversas do discurso oratório, porém uma só, que vem a ser a segunda, (...) sendo que a sua diferença é meramente acidental, ou na forma.[61]

Em nossa pesquisa, a atribuição dos conceitos para a preparação obedeceu aos seguintes critérios:

Nota 5 — A preparação foi excelente, pois facilitou de maneira conveniente o entendimento do ouvinte com relação à mensagem transmitida. Mesmo que a preparação não tenha sido produzida pelo orador, desde que a circunstância tenha, por si própria, facilitado a compreensão do ouvinte, o conceito terá a mesma qualidade, porque teve a sensibilidade e a capacidade de observar que o papel da preparação já fora cumprido. Assim, se os ouvintes já souberem qual será o assunto da apresentação, não precisará o orador informar o que já é conhecido; da mesma maneira, se a platéia já estiver ciente do problema que será solucionado, não haverá necessidade de repeti-lo; e ainda se as partes do assunto forem facilmente compreendidas no desenvolvimento do tema, ele não terá que se preocupar em informá-las.

Nota 4 — A preparação foi boa, pois os ouvintes conseguiram compreender bem a mensagem central. Só não obteve nota máxima porque o orador alterou, sem necessidade, a ordem das diversas partes da preparação, como, por exemplo, iniciar com a divisão, quando o mais indicado seria

61. Francisco Freire de Carvalho, *Lições elementares de eloqüência nacional*, p. 29 e 30.

a proposição, embora, conforme vimos, essa mudança não prejudique, necessariamente, o entendimento da platéia.

Nota 3 — A preparação foi de razoável para boa, pois o orador perdeu tempo informando sobre fatos muito conhecidos dos ouvintes como se fossem novidades, ou juntou, até de maneira pouco compreensível, as várias partes, que separadamente tornariam mais clara a mensagem.

Nota 2 — A preparação foi razoável, pois as informações não foram suficientes, ou foram inadequadas para facilitar a compreensão dos ouvintes. O orador consumiu tempo demasiado, repetindo o que a platéia já conhecia, ou dando a impressão de que as informações da preparação pudessem ser mais importantes do que a mensagem central.

Nota 1 — A preparação foi sofrível, pois, além de não cumprir seu papel de facilitar o entendimento dos ouvintes, funcionou para atrapalhar e confundir a compreensão. A preparação, nesse caso, entrou em contradição com a mensagem ou levou o ouvinte para objetivos diferentes daqueles pretendidos pela apresentação.

Nota zero — Não existiu preparação. O orador entrou diretamente na mensagem sem que os ouvintes soubessem qual era o assunto e quais eram as suas intenções. Ao final da apresentação, a platéia ficou confusa por não saber bem o que foi tratado na exposição.

Assunto central — É a verdadeira razão da presença do orador diante da platéia. Neste momento deverão ser aplicados todos os elementos da preparação, ao mesmo tempo em que são apresentados os argumentos que servirão para sustentar o tema da exposição. É neste instante também que, se existir algum tipo de resistência por parte dos ouvintes, o orador deverá refutá-la, para que sua argumentação possa prevalecer.

Na sua obra *Instituições elementares de rhetórica*, Borges de Figueiredo faz as seguintes referências à confirmação (que é a estrutura do assunto central):

> *Informados os ouvintes da matéria, apresente-se o orador para sustentar a verdade, justiça, ou importância dela, munido de provas, como um soldado vestido de armas para o combate. Agora é que se devem não só desenvolver e apoiar as coisas que favorecem o assunto; senão também destruir o que se opôs, ou atalhar o que se pode opor. Esses são os ofícios da confirmação, a qual contém, por assim dizer, as entranhas e a vida do discurso: ela é — a comprovação direta ou indireta do assunto; — divide-se por conseguinte em duas partes, confirmação, propriamente dita, e refutação.*[62]

Em nossa pesquisa, a atribuição dos conceitos para o assunto central obedeceu aos seguintes critérios:

Nota 5 — O assunto central foi desenvolvido com perfeição. Os argumentos foram apresentados com lógica, consistência e dentro de uma ordem que favoreceu o trabalho de convicção dos ouvintes. As possíveis objeções da platéia, expressas ou tácitas, foram refutadas de maneira correta, de tal forma que a argumentação do orador pôde prevalecer.

Nota 4 — O assunto central foi bem desenvolvido. O orador apresentou os argumentos de maneira correta. Quando eram todos fortes, apresentou-os separadamente, para que os ouvintes compreendessem bem o seu valor; quando eram frágeis, baseados apenas em hipóteses, comunicou-os ao mesmo tempo, para que a quantidade pudesse,

62. A. Cardoso Borges de Figueiredo, *Instituições elementares de rhetórica*, p. 70.

talvez, compensar a falta da qualidade; quando tinham pesos diferentes, fez a exposição iniciando por um argumento forte e em seguida apresentando o mais frágil, subindo gradativamente até chegar ao mais forte de todos, considerado irrefutável. Procurou afastar as possíveis objeções dos ouvintes.

Nota 3 — O assunto central foi desenvolvido de maneira razoável para boa. Embora os argumentos tenham sido expostos, não obedeceram a uma ordem que facilitasse o trabalho de convencimento. As objeções da platéia foram refutadas, mas não foram totalmente destruídas. E, quando uma objeção não é refutada, ela prevalece para o julgamento e a decisão dos ouvintes.

Nota 2 — O assunto central foi desenvolvido de maneira razoável. Foram expostos vários argumentos inconsistentes que poderiam ser destruídos com facilidade pelas objeções dos ouvintes. As resistências da platéia não foram afastadas.

Nota 1 — O assunto central foi desenvolvido de maneira sofrível. Os argumentos foram confusos e inconsistentes, comprometendo o trabalho de convencimento dos ouvintes, aumentando ainda mais sua resistência.

Nota zero — O assunto central não foi apresentado. O orador não se preocupou em expor argumentos, nem considerou a possibilidade de existirem objeções ao seu assunto. No final, os ouvintes ou não entenderam o conteúdo da mensagem ou ficaram contra as propostas do tema.

Conclusão — Depois de ter cumprido todas as etapas da apresentação, o orador se aplicará na conclusão para fazer com que os ouvintes reflitam ou ajam de acordo com suas propostas.

Para que os ouvintes possam ter condições de refletir ou agir de acordo com o assunto exposto, é importante que tenham compreendido bem o teor da mensagem. Por isso cabe, na conclusão, também uma breve recapitulação do tema abordado.

Em sua obra *Como hablar en público: manual de oratoria contemporánea*, Bartolo orienta sobre os cuidados que o orador deve ter na conclusão:

> *A conclusão ou peroração não deve ser extensa. Seu valor está em sua simplicidade e clareza. Nunca se deve usar no final um novo pensamento acessório ou complementar. O que não se disse no momento apropriado não se deve dizer na conclusão.*
>
> *Entenda-se. Esta parte tão importante da apresentação merece especial dedicação e respeito. Devemos terminar nossa apresentação completamente, e quando não há nada para dizer, é o momento da conclusão. Ao finalizar o desenvolvimento do tema, o orador deverá fazer uma pausa, anunciando a peroração, e só então transmiti-la, tendo o cuidado de fazer com que o tom da sua voz demonstre a mudança.*
>
> *Não há regras fixas sobre a forma de elaborar a conclusão. Com a apresentação concluída em toda a sua preparação, refletiremos sobre o final apropriado, colocando-nos no lugar de quem nos escuta, com seus interesses, suas inquietações, suas emoções.*[63]

Embora possa ocorrer em alguns casos, o objetivo da conclusão não deve ser o de salvar uma apresentação malfeita, mas sim o de valorizar ainda mais a qualidade da exposição, orientando o ouvinte sobre as ações que deverá adotar. Nesta última etapa do discurso, além de pedir que a platéia reflita ou aja de acordo com as recomendações da mensagem, poderá encerrar com elogios sinceros ao público, com um fato bem-humorado,

---

63. Ignácio Di Bartolo, *Como hablar en público: manual de oratoria contemporánea*, p. 116.

com uma citação de autoridades respeitadas pela audiência, ou aproveitando uma circunstância própria do ambiente.

Em nossa pesquisa, a atribuição dos conceitos para a conclusão obedeceu aos seguintes critérios:

Nota 5 — Conclusão perfeita. O orador encerrou sua apresentação no momento mais apropriado, com a inflexão de voz adequada, demonstrando que estava mesmo concluindo sua exposição e permitindo, naturalmente, que os ouvintes pudessem refletir ou agir de acordo com a mensagem transmitida.

Nota 4 — A conclusão foi boa. O orador encerrou sua apresentação no momento adequado, com inflexão de voz correta, mas que exigiu um "Muito obrigado" para deixar claro que tinha encerrado. Com essa conclusão, passou a existir boa possibilidade de que os ouvintes refletissem ou agissem de acordo com a mensagem transmitida.

Nota 3 — A conclusão foi de razoável para boa. O orador foi obrigado a encerrar rapidamente, porque o tempo já tinha se esgotado, ou se alongou além do tempo ideal. Não deixou muito claro pela inflexão de voz que tinha encerrado, embora este tipo de final não comprometa, necessariamente, a possibilidade de que os ouvintes reflitam ou ajam de acordo com a mensagem transmitida.

Nota 2 — Conclusão razoável. O orador perdeu o melhor momento para encerrar e usou inflexão de voz inadequada para o fechamento, impedindo que os ouvintes, naturalmente, refletissem ou agissem de acordo com a mensagem transmitida.

Nota 1 — Conclusão fraca. O orador encerrou abruptamente, sem inflexão de voz que indicasse que estava encerrando, tirando o brilho da apresentação.

Nota zero — Não existiu conclusão. O orador encerrou no momento em que todos aguardavam algum tipo de informação para o final, ou se alongou tanto para encerrar que enfraqueceu e prejudicou o raciocínio, ou, ainda, encerrou de maneira desastrada, comprometendo o pensamento desenvolvido.

1.8 Particularidades

Os aspectos particularidades são um pouco mais subjetivos e guardam relação muito próxima com as características do orador. Embora possam ser comparados e analisados, são mais abstratos e dependem muito do gosto, da moda, dos costumes e, principalmente, da personalidade e das atividades do orador. Um publicitário, por exemplo, dificilmente se trajaria da mesma maneira como se veste um diretor de banco; assim como um cantor sertanejo não se comportaria como um artista dedicado à música clássica.

As características mais importantes dos aspectos particularidades que analisamos na nossa pesquisa foram: traje, naturalidade, simpatia, estilo e emoção (esta já estudada na p. 61).

Traje — A roupa deve ser apropriada para a circunstância e para o orador. Embora deva seguir de perto a moda, para não parecer que está fora do seu tempo, precisa também respeitar seu próprio estilo. De maneira geral, o orador deverá evitar roupas e acessórios que o confundam com as pessoas que viveram há "cinqüenta anos", ou com aquelas que só usaram o traje porque estavam lançando moda numa passarela.

Briquet, na obra publicada com as suas conferências, quando fala do vestuário, diz:

> *Quando alguém não se traja como de praxe, em dadas circunstâncias, sente constrangimento que só se mitiga à proporção que aumenta o número dos que estão vestidos como ele.*[64]

---

64. Raul Briquet, *Palestras e conferências*, p. 178.

Os conceitos sobre o traje obedeceram aos seguintes critérios:

Nota 5 — Traje perfeito para a circunstância e de acordo com o estilo do orador. A roupa e os acessórios ajudaram a projetar sua imagem de maneira positiva e a conquistar a admiração dos ouvintes.

Nota 4 — Traje bom para a circunstância. Embora o orador não tenha demonstrado ter se preocupado especificamente com este item da sua apresentação, a roupa respeitou seu estilo e não chamou a atenção dos ouvintes de maneira ostensiva.

Nota 3 — Traje de razoável para bom. O orador não teve sua apresentação comprometida pelo tipo de roupa que escolheu para a ocasião, mas poderia ter tido um pouco mais de cuidado. Um traje mais bem escolhido poderia ter contribuído de maneira positiva para a projeção de sua imagem diante do público.

Nota 2 — Traje razoável. A roupa não foi muito apropriada para a circunstância, ou porque todos estavam vestidos de maneira formal e o orador se apresentou com roupas informais, ou vice-versa. Sua imagem foi prejudicada pelo tipo de traje que escolheu.

Nota 1 — Traje ruim. O orador apareceu vestido de maneira inadequada para a circunstância e a platéia percebeu a falta de critério na escolha da roupa. Ou foi muito extravagante, dando a impressão de estar querendo lançar moda, ou muito antiquado, com traje que ninguém usa há muito tempo.

Nota zero — A roupa prejudicou muito a qualidade da apresentação, criando resistência na platéia, pois o orador escolheu trajes que não tinham nada a ver com a ocasião e completamente fora de seu estilo.

Naturalidade — É uma das qualidades mais importantes da comunicação. Quando o orador se apresenta de maneira espontânea, dá a impressão de que está diante de um grupo de amigos, sem afetação.

A naturalidade permite que as características e o estilo do orador sejam respeitados e preservados.

No livro *Aprender a hablar en público hoy*, Vallejo-Nágera deixa um conselho para que os oradores se apresentem com naturalidade: *"Quando atuar em público, apresente-se com simplicidade, não finja nada, não pretenda nada (só realizar a sua tarefa, dizer o que tem a dizer e nada mais). Seja você mesmo"*.[65]

Em nossa pesquisa, a atribuição dos conceitos para a naturalidade obedeceu aos seguintes critérios:

Nota 5 — O orador foi natural, espontâneo e conseguiu se apresentar diante da platéia falando normalmente, como se estivesse conversando com um grupo de velhos amigos. Suas características e seu estilo não foram alterados, conquistando, assim, a simpatia dos ouvintes.

Nota 4 — As pequenas mudanças no comportamento do orador, pelo fato de estar falando em público, praticamente não foram percebidas pelos ouvintes. Somente as pessoas que o conhecem muito bem no dia-a-dia poderiam ter percebido alguma alteração na sua maneira de falar.

Nota 3 — O orador ficou levemente alterado, perdendo um pouco da sua naturalidade. Deu a impressão de que estava mesmo fazendo um discurso, afastando-se da comunicação espontânea.

Nota 2 — O orador pareceu estar afetado e artificial diante da platéia. Sua falta de naturalidade impediu que ele pudesse se aproximar dos ouvintes e conquistar sua simpatia.

Nota 1 — O orador comportou-se de maneira artificial, deixando muito claro que suas atitudes estavam

65. Juan Antonio Vallejo-Nágera, *Aprender a hablar en público hoy*, p. 30.

forçadas. Esse comportamento comprometeu a sua comunicação, criando resistência e falta de interesse na platéia.

Nota zero — O orador esteve completamente artificial e se comportou de maneira tão estranha que os ouvintes ficaram sem compreender bem o que estava ocorrendo, como, por exemplo, falar aos gritos quando a mensagem exigia uma comunicação tranqüila e suave.

É importante observar que a naturalidade está sempre acompanhada de outros aspectos da comunicação. O orador, por exemplo, pode demonstrar que está se expressando de maneira artificial porque tenta impostar a voz de modo afetado, procura usar palavras que claramente não pertencem ao seu vocabulário, ou faz gestos medidos que evidenciam que foram planejados e por isso não têm espontaneidade. Assim, o conceito atribuído à naturalidade do orador esteve sempre relacionado ao conjunto de aspectos da sua comunicação.

Simpatia — A simpatia do orador está relacionada com a maneira educada e gentil como se dirige aos ouvintes, procurando sempre transmitir uma palavra que possa enaltecer e valorizar as pessoas que estão na platéia. É também a forma como consegue brincar com seus defeitos ou erros cometidos, demonstrando assim que está despido de vaidades e cuidados excessivos com a própria imagem. Esta maneira de reconhecer, com sinceridade, as qualidades e o valor dos ouvintes faz com que as pessoas torçam pelo seu sucesso.

Ao falar da boa impressão que uma pessoa pode causar com suas atitudes, Bennet e Corrigan, no livro *O sucesso pela comunicação*, destacam os seguintes conselhos:

> *Somos atraídos, como que por um ímã, para aqueles que fazem honestos elogios, que são pacientes e tolerantes e respeitam os direitos e opiniões dos outros.*
>
> *(...) Uma pessoa estará usando de tato quando toma em consideração os sentimentos dos outros. As suas*

observações e os seus atos não humilham, ridicularizam ou ferem. Ela faz com que os outros se sintam importantes e tenham as suas opiniões respeitadas. É uma pessoa bem-vinda a qualquer reunião social.[66]

Em nossa pesquisa, a atribuição dos conceitos para simpatia obedeceu aos seguintes critérios:

Nota 5 — O orador foi agradável, simpático e esteve sempre com fisionomia amiga e interessada na platéia. Quando elogiou os ouvintes, demonstrou sinceridade nas suas palavras e, mesmo quando foi atacado ou criticado por algum ouvinte, mostrou-se disposto a afastar o momento de conflito com serenidade, sem se alterar emocionalmente.

Nota 4 — O orador procurou ser agradável e simpático nas suas atitudes e transmitiu algumas palavras elogiosas à platéia, embora sem sustentar os elogios com algum tipo de fato que pudesse mostrar sua sinceridade.

Nota 3 — A simpatia do orador foi de razoável para boa, pois, embora não tenha se preocupado em ser gentil, atencioso ou fazer elogios à platéia, também não foi desagradável ou antipático. Seu comportamento não prejudicou sua aceitação pelo público, mas também não contribuiu para que pudesse ser mais bem-aceito.

Nota 2 — A simpatia do orador foi razoável, pois ficou mais preocupado com o seu desempenho do que em agradar os ouvintes. Não se envolveu com a platéia e provocou certo distanciamento do auditório por causa do seu comportamento.

Nota 1 — O orador chegou a ser antipático com a platéia. Fez afirmações que, em determinados momen-

66. Millard Bennet e John D. Corrigan, *O sucesso pela comunicação*, p. 34 e 35.

tos, feriram o interesse dos ouvintes e se posicionou quase sempre de maneira arrogante. Sua atitude prejudicou o processo de conquista do auditório, criando resistência e desinteresse com relação à mensagem.

Nota zero — O orador foi antipático, mal-humorado e não se incomodou com os sentimentos dos ouvintes. Pelo contrário, mostrou-se hostil a maior parte do tempo. Encerrou a apresentação com uma imagem muito negativa.

Estilo — O estilo é a maneira própria que cada um tem para se expressar. Uns mais tranqüilos e pausados, outros mais dinâmicos e rápidos, outros, ainda, adotando características diferentes de acordo com a circunstância.

Cegalla, autor de diversas obras sobre o estudo da língua portuguesa, diz em sua gramática que: *"estilo é a maneira típica de cada um exprimir seus pensamentos, sentimentos e emoções, através da linguagem".*[67]

Na nossa avaliação, consideramos como estilo a atuação do orador ter sido mais ou menos prolixa; ter sido objetiva demais ou não; ter resvalado na vulgaridade ou ter conseguido manter um nível elevado de linguagem; ter construído frases que, além do conteúdo, projetaram sua imagem de forma positiva.

É um item da comunicação que, embora dependa muito do gosto, da cultura e da circunstância dos ouvintes, pode ser avaliado a partir de observações e comparações. Por exemplo: uma pessoa querendo usar o humor para conquistar a simpatia dos ouvintes pode, às vezes, ultrapassar aquela linha tênue que separa o comportamento social adequado do criticável e cair na vulgaridade, prejudicando, assim, sua imagem diante da platéia.

Em nossa pesquisa, a atribuição dos conceitos para o estilo obedeceu aos seguintes critérios:

---

67. Domingos Paschoal Cegalla, *Novíssima gramática da língua portuguesa*, p. 566.

Nota 5 — O estilo foi harmonioso, elevado e muito próprio para a característica dos ouvintes. O humor foi usado com sutileza, sem vulgaridade, e o orador agiu com seriedade quando a circunstância exigiu. As frases foram construídas com figuras de linguagem que valorizaram a mensagem e a própria apresentação. A informação foi passada de maneira muito apropriada, sem que o orador fosse prolixo ou objetivo demais.

Nota 4 — O orador se apresentou com bom estilo, usando linguagem correta, bem estruturada. Embora não tenha usado figuras de linguagem que pudessem aprimorar a estética da apresentação, não comprometeu a qualidade do discurso.

Nota 3 — O estilo foi de razoável para bom, pois o humor ou a seriedade apareceram de maneira muito acentuada, e algumas idéias poderiam ter sido explicadas com mais profundidade ou, em outros casos, de maneira mais objetiva.

Nota 2 — O estilo foi razoável, pois o orador usou trocadilhos ou fez brincadeiras e imitações grosseiras que poderiam não agradar os ouvintes. E, quando falou com seriedade, foi muito pesado e se afastou da platéia. Foi muito prolixo em determinados momentos, muito objetivo ou lacônico em outros.

Nota 1 — Estilo ruim, vulgar, prolixo ou objetivo em excesso. Essa característica do orador comprometeu a qualidade da apresentação e o entendimento da mensagem.

Nota zero — Foi grosseiro. Seu discurso esteve fora de contexto, usando palavras vulgares, quando a expectativa da platéia era de uma linguagem elevada. Ou pode, ainda, ter se expressado de maneira muito sofisticada para o nível dos ouvintes. As pessoas ficaram resistentes à mensagem e ao orador por causa de seu comportamento inadequado.

2

Metodologia da pesquisa

Há mais de 20 anos o nosso curso de expressão verbal realiza de dois a três concursos de oratória por ano. Os concursos são feitos com a participação dos alunos do curso, escolhidos pelos colegas das suas respectivas turmas. Assim, os alunos das turmas que freqüentam o curso às segundas-feiras escolhem os seus representantes a partir de um concurso realizado com os colegas da mesma turma. O mesmo ocorre com as turmas da terça-feira, da quarta-feira e do sábado.

Em média são 20 participantes em cada concurso, que se apresentam falando de improviso, durante um minuto e meio, sobre o tema expressão verbal. A apresentação dos concorrentes é feita diante de uma platéia de aproximadamente 60 pessoas, e são os próprios concorrentes que elegem os vencedores. Para avaliar os oradores, as pessoas utilizam uma ficha (anexo 2) que cobre diversos aspectos da comunicação, como: simpatia pessoal, postura, gesticulação, comunicação visual, emoção, fluência verbal e conteúdo. Essa ficha permite que as avaliações obedeçam a um critério único, impedindo que aspectos relevantes da comunicação deixem de ser observados e considerados. Esses concursos são gravados em vídeo para arquivos das atividades da escola.

A pesquisa foi feita com a utilização dessas fitas, analisando os aspectos da comunicação dos oradores que venceram os 20 concursos realizados de agosto de 1991 até dezembro de 1999. Ela identificou quais os aspectos da comunicação que se destacaram nos oradores que venceram o concurso e qual a participação da emoção em cada um deles.

Para facilitar a avaliação, foi produzida uma edição das fitas, que registrou em apenas uma os oradores que venceram os concursos.

Para essa avaliação foi utilizada uma ficha com 23 aspectos da comunicação (conforme quadro da p. 123), permitindo, assim, a partir dos critérios que foram definidos, que as apresentações dos oradores que conquistaram os ouvintes pudessem ser comparadas com base nos mesmos parâmetros.

2.1 Peculiaridades de alguns aspectos utilizados na avaliação dos oradores

Pernas e tronco — Pelo fato de os oradores já estarem concluindo o curso de expressão verbal, os aspectos pernas e tronco geralmente não apresentam imperfeições e por isso é natural que recebam conceitos elevados.

Como esses conceitos são quase sempre muito bons para todos os oradores, não influenciam na escolha final, a não ser que alguém fuja do padrão (o que é raro ocorrer) e se apresente com deficiências nesses aspectos, pois a falha chamaria tanto a atenção que sua avaliação seria prejudicada.

Portanto, são aspectos que, nos concursos de oratória, quando se apresentam com boa qualidade, não ajudam na avaliação, mas podem prejudicar muito quando são deficientes.

Acrescente-se também que, no caso do posicionamento das pernas, como as gravações, na grande maioria das vezes, foram feitas apenas do tronco para cima, na avaliação foi possível apenas deduzir, pela postura geral do corpo, como elas se posicionaram, com pequena possibilidade de erro, pois, se não se comportassem adequadamente, o defeito seria facilmente identificado pela postura do corpo todo.

Sonoridade da voz — Com os avanços da fonoaudiologia, é possível melhorar muito a sonoridade da voz, trabalhando com os elementos que compõem os ressoadores — boca, nariz e faringe — associados à correta respiração, mas a experiência desses 25 anos, acompanhando diariamente o trabalho dos fonoaudiólogos que atuam no nosso curso de expressão verbal, demonstrou que apenas aqueles que têm objetivos profissionais com a voz, como locutores de rádio, apresentadores de televisão, artistas de teatro e telenovela, se dedicam ao aprimoramento da ressonância, pois esses, de maneira geral, sabem que precisam melhorar a qualidade da voz. As outras pessoas que atuam em atividades distintas até tentam por algum tempo, mas em quase todos os casos desistem. Mesmo entre os atores, embora tenham quase sempre a consciência da necessidade de aprimorar a voz, não existe profundo conhecimento de como deveriam usar o corpo para atingir esse objetivo.

Quinteiro, no capítulo "Os atores de teatro falam de suas vozes", do livro *Voz profissional: o profissional da voz*, depois de entrevistar atores com idades entre 25 e 70 anos, com média de 45 anos, todos com mais de sete anos de experiência de atuação nos palcos, chega a uma conclusão interessante sobre a maneira como esses profissionais cuidam da voz:

> *Ao que se pode perceber pela amostragem, os profissionais de teatro ainda estão bem longe de entender o processo orgânico da voz e da fala, assim como o aproveitamento funcional adequado para a finalidade estética da voz. Não só o entendimento, como também o estudo, encontra-se em desorientação entre conceitos confusos e paliativos desastrosos.*
>
> *As pessoas vão adaptando-se pelo uso às condições do seu organismo, do seu aparelho fonador e, por métodos bastante empíricos, estabelecem regras e leis muito próprias, pessoais e muitas vezes sem a menor fundamentação teórica, mas que por intuição ou práxis acabam dando um resultado parcialmente adequado no nível pessoal. No entanto, o estudo da voz e da fala no teatro ainda necessitam esclarecimento e divulgação, embora um número reduzido de profissionais mantenha uma procura, uma busca, uma solução, sem atinar bem como. É um mistério que cada profissional adapta e resolve de modo próprio, seguindo modismos circunstanciais ou modelos de profissionais mais tarimbados.*
>
> *Percebe-se, com bastante clareza, que mesmo os profissionais mais experientes mostram um certo hiato na compreensão do processo da voz e da fala dentro do teatro. É muito nítido o aparecimento de "mitos", como*

por exemplo o diafragma, ou os exercícios "milagrosos" e "salvadores", mas o fato orgânico principal permanece um grande desconhecido para a classe teatral.[68]

Esse depoimento conclusivo da pesquisa feita por Quinteiro é esclarecedor e nos ajuda a entender o desinteresse dos oradores pelos exercícios de fonoaudiologia para melhorar a sonoridade da voz, pois, como dissemos de início, somente as pessoas que usam a voz profissionalmente se dedicam a esse objetivo. Mas vemos, por essa conclusão da fonoaudióloga, que nem mesmo os atores têm tanto interesse ou sabem como agir corretamente para se preparar e procuram soluções pessoais nem sempre científicas. Portanto, o fato de o orador não ter voz bonita talvez não tenha prejudicado sua avaliação e, apesar dela, pôde ser escolhido, como na verdade o foi, como a pesquisa demonstrou claramente.

A própria história nos dá exemplos de oradores que tiveram muito sucesso mesmo com voz que não apresentava qualidade estética, como Jânio Quadros e Leonel Brizola.

Retórica — Todos que participaram dos concursos de oratória tinham estudado com bastante profundidade a ordenação didática da fala e sabiam que tipo de informação deveriam usar na introdução, na preparação, no assunto central e na conclusão, por isso, na atribuição dos conceitos, tiveram média bastante elevada. Portanto esses elementos, de maneira geral, não tiveram influência na escolha dos vencedores.

Ressalte-se ainda que os oradores souberam qual seria o tema da apresentação com antecedência suficiente para preparar o assunto dentro das técnicas da ordenação didática da fala, e como as tinham aprendido e possuíam farto material didático para orientá-los a agir de maneira correta, não tiveram dificuldade para montar bem a exposição.

---

68. Eudosia Acuña Quinteiro, "Os atores de teatro falam de suas vozes", in *Voz profissional: o profissional da voz*, p. 137, 145 e 146.

Braços e mãos, fisionomia e olhos e naturalidade — Embora os oradores tenham sido bem preparados para desenvolver esses aspectos com boa qualidade, temos que considerar a circunstância de um concurso de oratória, em que o nervosismo é mais acentuado, e, em conseqüência, os oradores, de maneira geral, tenderem a repetir a gesticulação mecanicamente, ou a não usar os gestos, ou, ao contrário, usá-los excessivamente.

O mesmo ocorre com a fisionomia e os olhos. Pela insegurança, o orador fica com o semblante pesado, porque está muito concentrado na seqüência da fala, e seus olhos vagam sem se deter objetivamente na platéia. Quanto à naturalidade, também pelos mesmos motivos, alguns, para se sentirem mais seguros, acabam memorizando o texto da sua apresentação e por isso ficam artificiais, comprometendo a comunicação mais espontânea.

Como é uma circunstância atípica e o nervosismo surge de forma mais intensa em praticamente todos os oradores, justificam-se os baixos conceitos atribuídos a esses aspectos.

Tiques — Dificilmente alguém seria selecionado na sua turma para participar de um concurso de oratória se tivesse tiques e vícios como *né?*, *tá?*, no final das frases, ou *éééé*, *ãããã*, durante as pausas.

Também não é um item que pudesse ter, nesta circunstância, influência para a escolha final.

Traje — Nos primeiros concursos, escolhidos para a avaliação, os oradores se trajavam de maneira mais informal (ver, por exemplo, o orador D no site do autor), por isso, esse item, nas comparações com os participantes, poderia distorcer o resultado.

Todas essas considerações são importantes para que o resultado da pesquisa não seja distorcido e as conclusões possam nos levar a uma orientação mais segura.

2.2 Aspectos subjetivos da avaliação à luz do conhecimento científico e do envolvimento do pesquisador com o seu objeto

Embora todos os critérios para a avaliação dos diferentes aspectos da comunicação dos oradores tenham sido definidos para que o resultado fosse coerente e com pouca margem de erro, temos que considerar que a observação depende muito de quem está avaliando. É possível que os mesmos oradores recebessem conceitos diferentes se fossem analisados por outras pessoas. O que se pode ponderar em benefício da pesquisa é que esses oradores já tinham sido escolhidos por vários avaliadores, pelo menos 20, que os compararam a muitos outros que participaram do mesmo concurso. Mostraram, portanto, que tinham qualidades de comunicação, bastando apenas identificar na pesquisa como os diferentes aspectos aparecem na apresentação dos vencedores.

Outro fator a ser considerado é a experiência da nossa atividade profissional que, por mais de duas décadas, consiste em fazer, diariamente, avaliações dessa natureza, o que já ocorreu durante esse período com mais de trinta mil pessoas, analisadas pelo menos 7 vezes cada uma, o que corresponde a aproximadamente duzentas mil análises.

Vale dizer também que os conceitos servem, acima de tudo, como ordem de grandeza e para considerar a influência de cada aspecto da comunicação, e uma pequena diferença para cima ou para baixo, na avaliação, talvez não interfira no resultado final e nas conclusões da pesquisa.

Pesquisa científica e disjunção do sujeito e do objeto

Ao analisarmos o comportamento da comunidade científica ao longo da história, observamos que as opiniões sobre a implicação do sujeito com relação ao objeto sofreram alterações e não são unânimes. Mas a postura atual é a de que, além da técnica científica, necessária para a execução da pesquisa, há cada vez mais o envolvimento do sujeito com o objeto. O equilíbrio da técnica científica com a subjetividade do sujeito pode produzir um resultado de compromisso, não apenas com o objetivo em si da pesquisa, mas também com suas conseqüências para a sociedade que dela se beneficiará. Deve, para tanto, existir um comportamento ético que será considerado em todas as etapas do trabalho.

Nossa pesquisa procurou sempre se nortear por esse componente ético comprometido com a elaboração e o resultado do trabalho. Assim, mesmo considerando a subjetividade e a nossa implicação direta com o objeto da pesquisa, procuramos conduzi-lo de maneira que a sociedade que por ventura venha dele a se utilizar também possa se beneficiar da ação do sujeito sem distorções éticas ou vícios comprometedores.

Morin, na obra *A inteligência da complexidade,* propõe uma reflexão fundamental a respeito da separação entre o pesquisador e o seu objeto, princípio que dinamizou o conhecimento científico durante tanto tempo.

À citação de Rabelais — *"Ciência sem consciência é somente a ruína da alma"* —, acrescenta: *"Mais do que a ruína da alma, talvez seja também a ruína do ser"*, em referência explícita à bomba termonuclear e seus possíveis efeitos.

Segundo Morin, a *"disjunção absoluta entre o julgamento de valor e o problema de dever moral"*[69] — ou seja, o conhecimento científico que se coloca como conhecimento amoral por excelência — foi extremamente necessária para que a pesquisa científica pudesse se desenvolver. O autor apresenta, então, fatos históricos que levaram a esse desenvolvimento.

No final da Idade Média, o poder enorme da Igreja se sustenta na visão de mundo proposta nas Sagradas Escrituras, na doutrina aristotélica e na teologia de São Tomás de Aquino. A pesquisa não é mais necessária: os pesquisadores trabalham de forma inde-

69. Edgar Morin, *A inteligência da complexidade*, p. 27.

pendente e consideram que todo o conhecimento precisa ser pesquisado sem quaisquer preocupações de ordem moral.

A vocação independente da pesquisa científica, contrapondo-se ao cerceamento imposto pela Igreja, provoca a cisão entre ciência e consciência, aqui entendida no sentido moral da expressão.

De acordo com Morin, para Descartes, essa separação se efetua de forma absoluta, quando diz que existem dimensões completamente distintas no campo do conhecimento:

> *o problema do sujeito, do* ego cogitans *(eu pensante), do homem, que por assim dizer, reflete sobre si mesmo, e esse problema vai ser, deve ser aquele da filosofia. De outro lado, o problema daquilo que ele chama de* res extensa, *quer dizer, dos objetos que se encontram num espaço, e o universo da extensão do espaço é aquele oferecido ao conhecimento científico.*[70]

Desenvolve-se então a filosofia e a ciência: na primeira, o sujeito reflete sobre si mesmo; na segunda, o conhecimento científico se atém à realidade, reflete-a, estabelece leis, pretende ser universal, excluindo o sujeito: *"O sujeito é considerado como qualquer coisa de parasita no sentido de que ele faz intervir a subjetividade de tal e tal pesquisador".*[71]

Essa nova cultura, diferente em sua natureza, fundamenta-se em princípios que se mostram muito férteis. Um número imenso de informações e conhecimentos se acumula em escala exorbitante, de tal forma que nenhum ser humano consegue absorvê-los. E, com isso, torna-se praticamente impossível poder ter uma visão sobre o homem, a sociedade e o universo.

O homem não consegue ter acesso a todas as decisões científicas, pelo fato de terem sido desenvolvidas separadamente, com alto nível de especialização, ficando, portanto, restritas aos poucos que se dedicaram ao seu estudo de maneira profunda.

---

70. Edgar Morin, *A inteligência da complexidade*, p. 27.

71. Idem, *A inteligência da complexidade*, p. 28.

Ao mesmo tempo, as descobertas científicas se desenvolvem em uma velocidade tão grande que acabam por gerar uma situação incomum:

— Muitas pesquisas precisam ser modificadas ou interrompidas pelo aparecimento de informações que trazem novas perspectivas ou as refutam.

— O pesquisador, em sua pretensa neutralidade, não consegue controlar a utilização de suas descobertas.

— Muitas vezes outras pessoas farão uso do seu trabalho, e nem sempre poderão ter em mente o bem comum. A falta de controle não marcará apenas o processo do desenvolvimento científico; ela se fará sentir também na ausência de uma ação controladora feita por qualquer entidade.

Além da objetividade, esse desenvolvimento da ciência se realizará na busca de um outro princípio, responsável hoje por sérios problemas: o princípio da simplificação. O modelo do saber científico que vigora por muito tempo é o estabelecido por Laplace, em que leis deterministas e mecanicistas regem o universo. *"Esse caos aparente se dissolve quando descobrimos as leis simples que de fato o governam."*[72]

Mais do que em qualquer outra época, hoje temos que refletir sobre a existência de paradigmas (newton-cartesiano, por exemplo) que ainda direcionam muitos dos princípios das teorias, das ações em nossa cultura ocidental, separando, compartimentalizando, impedindo uma visão de complexidade, própria da nossa realidade, deixando de lado, muitas vezes, a consideração da possibilidade da consciência humana.

A reintrodução do sujeito na pesquisa científica

A questão da autonomia da ciência, entretanto, não pode ser mais discutida da mesma maneira: o cientista não se sente em

72. Edgar Morin, *A inteligência da complexidade*, p. 31.

condições de controlar os diferentes poderes que surgiram a partir de novos conhecimentos e descobertas — o que representa um verdadeiro problema de ordem moral, implicando, necessariamente, uma discussão a respeito de responsabilidade.

Por isso, Morin advoga que, para além da simplificação e da objetividade, é necessário enfrentar a complexidade da própria inteligência, de qualquer objeto, da vida, do mundo e da própria ética:

> *Assim vemos que o problema da ciência e da consciência se encontra hoje colocado como problema ético e como problema de consciência reflexiva, postulando ambos a reintrodução do sujeito.* [73]

Como inúmeros fatores de subjetividade participam da atuação do pesquisador, a sua maneira de agir não pode ficar restrita à objetividade.

Seu compromisso com o resultado do trabalho precisa considerar pontos que atropelam o simples direcionamento técnico e incluam questões ligadas às esferas éticas e estéticas.

> *Qual é o lugar de onde eu pretendo observar? Como posso encontrar um lugar, visto que faço parte dessa sociedade que me produziu e que minha visão do mundo produz por sua vez, visto que projeto aí minha singularidade?*
>
> *Eu tenho necessidade de me observar a mim mesmo enquanto sujeito. E não somente eu sou sujeito individual, mas eu faço ainda parte de uma subjetividade coletiva. Ser sujeito não é poder não ser, de uma certa maneira, ego-etnocêntrico, ou seja, não poder fugir da tendência natural de se colocar no centro do mundo.* [74]

Por isso, deve ocorrer, então, *"a pesquisa permanente para se reconhecer como sujeito limitado, particular e situa-*

---

73. Edgar Morin, *A inteligência da complexidade*, p. 35.
74. Idem, *A inteligência da complexidade*, p. 35.

do"[75] — sujeito comprometido, porque "*existe a interação do conhecimento, mesmo quando se supõe que seja puro, com todo o processo estudado".*[76]

Dessa forma, a ênfase da pesquisa não deverá recair na objetividade, mas sim considerar que existem intercâmbios, interatividades e sobreposições entre o objeto de estudo e o pesquisador.

> *O pensamento complexo é, pois, essencialmente o pensamento que trata com a incerteza e que é capaz de conceber a organização. É o pensamento capaz de reunir (*complexus: *aquilo que é tecido conjuntamente), de contextualizar, de globalizar, mas ao mesmo tempo, capaz de reconhecer o singular, o individual, o concreto.*[77]

2.3 O anonimato dos oradores avaliados

De nada ajudaria para as conclusões desta pesquisa revelar o nome dos oradores que foram analisados nos diversos aspectos da sua comunicação, por isso cada um foi denominado por uma letra do alfabeto para sua identificação. Todos eles possuem curso superior e alguns têm pós-graduação no Brasil e no exterior. Em sua grande maioria, procuram o curso para melhorar sua eficiência profissional a partir da melhor comunicação.

Cerca de 80% dos oradores avaliados são da área de Engenharia, Direito e Administração de empresas. Os que não são profissionais liberais, com poucas exceções, ocupam cargos de gerência e diretoria nas empresas em que atuam.

---

75. Edgar Morin, *A inteligência da complexidade*, p. 183.
76. Idem, *A inteligência da complexidade*, p. 184.
77. Ibidem, p. 207.

3

Avaliação das apresentações

No quadro seguinte vamos apresentar as notas que cada vencedor do concurso de oratória obteve nos aspectos avaliados da sua comunicação.

Conforme podemos observar, os aspectos da comunicação foram colocados na posição vertical e as notas no sentido horizontal, identificadas na parte superior pelas letras correspondentes a cada orador.

No quadro da p. 125, na parte inferior, estão citadas as datas em que os concursos foram realizados e a letra correspondente a cada orador.

No final das avaliações estão apresentadas as médias de cada um dos aspectos e a sua classificação dentro do quadro para todos os oradores.

Avaliação

Aspectos	Detalhamento	A	B	C	D	E	F	G	H	I	J	K	L	M	N	O	P	Q	R	S	T	Média	Classificação
Emoção*		4	4	4	5	4	5	4	4	3	5	5	5	4	4	4	4	5	4	5	5	4,35	06º
	Dicção	4	4	4	5	2	3	4	4	4	2	4	4	4	5	4	4	4	5	3	4	3,85	11º
	Volume	5	4	4	5	3	4	5	5	5	4	5	3	5	3	4	3	4	4	3	4	4,10	09º
	Velocidade	4	4	4	4	3	4	4	4	3	4	3	3	5	4	4	3	4	4	4	4	3,80	12º
Voz	Ritmo	5	3	3	5	4	4	4	3	3	4	4	3	5	4	4	3	3	4	5	4	3,85	11º
	Sonoridade	3	2	3	2	2	3	3	2	2	3	5	2	5	4	4	4	3	4	4	4	3,20	17º
	Pausa	4	3	4	5	4	3	3	3	3	3	3	4	5	4	4	4	4	4	4	4	3,75	13º
	Amplitude	4	4	4	5	3	4	4	4	4	2	4	3	5	4	4	4	4	5	4	4	3,95	10º
Vocabulário	Propriedade	5	4	4	5	4	4	4	4	4	3	4	5	5	5	5	5	5	5	5	5	4,50	04º
	Gramática	4	4	4	4	3	3	4	4	4	2	4	5	4	4	4	4	4	4	3	4	3,80	12º
	Tiques	4	4	4	4	4	4	4	4	4	3	4	5	5	4	3	4	5	4	5	5	4,20	07º
	Pernas	5	5	5	5	5	5	5	5	5	5	5	5	5	5	5	5	5	5	5	5	5,00	01º
Expressão	Tronco	5	5	4	5	4	4	3	3	4	5	4	5	5	4	5	5	5	5	5	4	4,50	04º
Corporal	Braços/Mãos	3	4	3	5	4	5	2	2	3	4	3	4	4	3	3	3	3	4	4	3	3,50	15º
	Fisionomia/ Olhos	4	4	4	5	3	5	2	2	3	4	3	4	5	4	4	3	4	4	3	4	3,70	14º
	Introdução	5	5	5	5	5	5	4	4	3	4	4	5	4	5	5	3	5	4	5	4	4,45	05º
	Preparação	5	5	5	5	5	5	5	5	4	3	3	5	5	5	5	4	5	5	5	5	4,70	03º
Retórica	Assunto central	5	5	5	5	5	5	5	5	4	3	4	5	5	5	5	5	4	5	5	4	4,70	03º
	Conclusão	5	5	5	5	5	5	5	5	4	5	4	5	5	5	5	5	5	5	5	4	4,85	02º
	Traje	3	4	3	3	5	5	2	3	3	5	5	5	5	5	5	5	3	5	5	5	4,15	08º
Particula-	Naturalidade	4	3	3	3	4	4	2	2	2	3	3	3	4	3	4	4	3	3	3	3	3,15	18º
ridades	Simpatia	3	3	3	4	4	3	2	2	2	3	3	4	4	3	4	4	4	4	4	3	3,30	16º
	Estilo	3	3	3	4	3	3	2	2	2	2	3	3	5	3	4	3	4	4	4	4	3,20	17º

* O conceito foi atribuído a partir da percepção do uso intencional da emoção.
Verificar datas dos discursos na p. 125.

3.1 Como a emoção participou de cada aspecto da comunicação

Nesta análise foram considerados apenas os aspectos gerais da comunicação dos oradores, pois a tentativa de analisar cada item isoladamente poderia apresentar muitas distorções, por se tratar de observação demasiadamente subjetiva e sem utilidade prática para a conclusão da pesquisa.

A exemplo do quadro anterior, que tratou da avaliação das apresentações, este também traz os aspectos na posição vertical e as notas no sentido horizontal, identificadas na parte superior pelas letras correspondentes a cada orador.

Na parte inferior, logo abaixo do quadro, estão citadas as datas em que os concursos foram realizados e a letra correspondente a cada orador.

No final do quadro estão apresentadas as médias da emoção nos aspectos gerais da comunicação e a sua classificação para todos os oradores.

Participação da emoção nos aspectos gerais da comunicação

Aspectos	Oradores																					
	A	B	C	D	E	F	G	H	I	J	K	L	M	N	O	P	Q	R	S	T	Média	Classificação
Voz	4	4	3	4	3	4	3	3	3	4	4	3	5	3	4	3	4	3	4	4	3,60	2º
Vocabulário	4	4	3	4	3	3	3	3	2	2	4	4	4	4	4	4	3	3	4	4	3,45	3º
Expressão Corporal	3	3	2	4	4	4	2	2	1	4	3	3	3	3	3	2	3	3	3	3	2,90	5º
Retórica	4	4	3	4	3	3	3	3	3	3	3	4	5	5	4	4	4	4	5	4	3,75	1º
Particularidades	3	3	2	3	3	3	2	2	2	2	3	3	4	4	4	3	3	3	4	3	2,95	4º

Oradores	Datas dos discursos	Oradores	Datas dos discursos
A	31.08.91	K	09.12.94
B	31.08.91	L	12.05.95
C	07.12.91	M	12.05.95
D	02.05.92	N	17.08.95
E	11.09.92	O	17.08.95
F	04.12.92	P	08.12.95
G	14.05.93	Q	23.05.96
H	20.09.93	R	05.12.96
I	26.11.93	S	14.08.97
J	13.05.94	T	16.12.99

3.2 Itens da comunicação em que a emoção do orador foi mais acentuada

Para esta análise, foram considerados apenas os itens pertencentes aos aspectos da comunicação que mereceram conceito igual ou superior a 3, pois aqueles que tiveram conceito igual ou inferior a 2 sofreram muito pouca influência da emoção (pelo menos aparentemente) e por isso foram desconsiderados.

Em alguns casos, um mesmo aspecto teve mais de um item em que a emoção foi mais acentuada e, nesta situação, todos os que apresentaram esta influência foram considerados.

O quadro mostra quantas vezes a emoção participou de cada item da comunicação de todos os oradores e a sua classificação.

Voz		
Dicção	01	
Volume	02	
Velocidade	03	
Ritmo	13	3º
Pausa	02	

Vocabulário		
Amplitude	01	
Propriedade	19	1º

Expressão Corporal		
Braços/Mãos	04	
Fisionomia/Olhos	11	4º

Retórica		
Assunto central	05	
Conclusão	16	2º

Particularidades		
Traje	03	
Naturalidade	02	
Simpatia	05	
Estilo	05	

3.3 Aspectos da mensagem em que a emoção do orador foi mais acentuada

Essa pesquisa considerou quantas vezes os diversos oradores analisados se referiram com emoção a eles mesmos, ao tema, aos ouvintes e a outros assuntos diferentes destes.

Aspectos da mensagem referente	Quantidade
Ao próprio orador	06 vezes
Ao tema	16 vezes
Aos ouvintes	04 vezes
A outros	08 vezes

Essa pesquisa apresentou respostas cumulativas, em que a emoção de um mesmo orador foi, em alguns casos, acentuada em mais de um aspecto da mensagem. Por isso, a soma das quantidades de vezes ultrapassa o número de oradores.

3.4 Análise das avaliações

Após a avaliação de cada orador, a partir dos conceitos estabelecidos para os diferentes aspectos da sua comunicação, é possível agora fazer uma análise com a qual iremos procurar solucionar o problema identificado no início dessa dissertação e que motivou a realização desta pesquisa.

Iremos também confrontar essas soluções com as hipóteses propostas, com o objetivo de nos certificarmos sobre quais estavam corretas. Em caso de conclusão diversa, vamos analisar quais os motivos que levaram a esse resultado.

No primeiro quadro, em que são avaliados os 23 itens da comunicação de cada orador, excetuando-se tiques, pernas, tronco, introdução, preparação, assunto central, conclusão e traje, pelos motivos já expostos, observamos que os três que mereceram conceitos mais elevados foram **propriedade do vocabulário**, **emoção** e **volume da voz**. Mesmo que alguns desses excluídos para efeito desta análise também fossem considerados, esses três ocupariam posição de destaque nos itens que tiveram influência na vitória dos oradores.

Em praticamente 10 anos, os 20 oradores que participaram dos concursos de oratória e os venceram, mostraram que esses três itens da comunicação foram importantes para que os ouvintes os escolhessem como vencedores. A forma coerente como esses itens participaram da comunicação de cada um dos oradores chama a atenção.

Se observarmos os números apresentados, vamos verificar que o item **propriedade do vocabulário**, em 20 casos avaliados, recebeu 19 conceitos entre 4 e 5, e apenas um recebeu 3, o que demonstra que, na comunicação que conquista os ouvintes, ele tem sempre muito boa qualidade.

Da mesma forma, o item **emoção**, também nos 20 casos avaliados, recebeu os mesmos 19 conceitos entre 4 e 5 e apenas um recebeu 3.

O item **volume da voz**, embora não tenha tido o mesmo desempenho dos dois anteriores, também se mostrou importante para a comunicação dos oradores, pois, nos 20 casos avaliados, recebeu 15 conceitos entre 4 e 5 e cinco conceitos 3.

3.4.1 A presença da redundância e a sua influência nos diversos aspectos da comunicação

Um aspecto que chamou a atenção e que precisa ser considerado a partir da conjugação de diferentes fatores que compõem o conjunto da comunicação é o uso das redundâncias.

Nos casos em que os oradores usaram a repetição de palavras ou apresentaram idéias com palavras diferentes sem alteração do volume da voz ou da velocidade da fala, pareceu sempre tratar-se de um comportamento hesitante, como se não soubessem o que dizer na seqüência.

Entretanto, nos momentos em que essa mesma repetição ocorreu com variações no volume da voz, especialmente nas situações em que era aumentado, e na velocidade da fala, existiu valorização da informação, que, por ter sido repetida, pôde também ser mais bem compreendida e, pela alternância, pôde tornar o estilo mais agradável — exceto nas ocasiões em que o uso se mostrou exagerado.

Pignatari em *Informação, linguagem, comunicação*, ao tratar da redundância, diz que:

> *Por sua própria natureza, a comunicação é uma espécie de processo variável e estatístico condicionado pela interdependência dos sinais, ou seja, pelas normas e regras que os relacionam e que decidem sobre o seu grau de informação. As regras sintáticas introduzem redundância na mensagem, a fim de que a sua recepção correta fique melhor amparada. São essas leis ou normas que dão estrutura ao sistema, de modo a permitir previsões de comportamento ou de ocorrência de sinais. (...) A redundância pode ser entendida simplesmente como repetição; é causada por um excesso de regras que confere à comunicação um certo coeficiente de segurança, ou seja, comunica a mesma informação mais do que uma única vez e, eventualmente, de modos diferentes.*[78]

A questão da redundância é sutil e complexa, pois envolve diversos aspectos da comunicação, como a voz, o vocabulário, a expressão corporal e, principalmente, a emoção. Dependendo da maneira como esses elementos são utilizados e inter-relacionados, ela poderá ser positiva, quando o conjunto for harmonioso, e negativa, quando eles não se adequarem às características do assunto, do orador e das circunstâncias envolvidas.

Embora essa característica não tenha sido analisada separadamente, ela participou de toda a avaliação e influenciou na qualidade de muitos aspectos da comunicação.

---

78. Décio Pignatari, *Informação, linguagem, comunicação*, p. 49.

3.5 Conclusão da pesquisa e avaliação das hipóteses

O resultado da pesquisa confirmou a hipótese apontada para responder diretamente ao problema formulado.

Para o problema formulado: De que maneira e em que medida a emoção do orador influencia no processo de conquista dos ouvintes?

A hipótese proposta foi: A emoção do orador **tem** influência determinante no processo de conquista dos ouvintes, e sua ação depende de um conjunto de aspectos da comunicação, que se alternam no comportamento do orador e que atuam ora de maneira simultânea, ora de maneira isolada.

Ao analisarmos o resultado da pesquisa com a avaliação da comunicação dos oradores que venceram os concursos de oratória no período de dez anos, **concluímos que a emoção do orador tem importância fundamental no processo de conquista dos ouvintes**. Dos 20 oradores analisados, em 19 a emoção obteve conceitos entre 4 e 5, e em apenas um caso o conceito foi 3.

Na classificação geral, entre todos os itens considerados na comunicação, a emoção ficou em sexto lugar, fato que já mostraria sua importância, mas, ao excluirmos os aspectos que, pelos diversos motivos já expostos, estavam previamente comprometidos, sobe do sexto para o segundo lugar, ficando atrás apenas da propriedade do vocabulário, item que mais recebeu sua influência.

A emoção do orador — pelo resultado apontado por esta pesquisa, que considerou os vencedores dos 20 concursos de oratória, que, somados, foram avaliados por mais de quatrocentas pessoas, em épocas diferentes — possui influência fundamental no processo de conquista dos ouvintes.

Podemos assim sugerir a todos aqueles que desejarem se apresentar em público, com o objetivo de conquistar a vontade dos ouvintes, que usem a emoção, pois, parecendo verdadeira, conforme ficou constatado, é um aspecto de fundamental importância no processo da comunicação.

Embora os concursos de oratória destaquem o conteúdo (o item que mais se aproxima da propriedade do vocabulário) como o mais importante, fato que pode ser constatado pela observação expressa na própria ficha de avaliação utilizada pelos julgadores (anexo 2) — e por isso sua classificação em primeiro lugar deva ser considerada como resultado normal e coerente —, não diminui a sua relevância, pelo contrário, apenas confirma sua influência.

Chamamos a atenção para esse fato porque ficou muito evidente também, como resultado da pesquisa, que qualquer que fosse o aspecto da comunicação destacado na avaliação, o conteúdo ou a propriedade do vocabulário sempre deveria estar presente. Considere-se também que a propriedade do vocabulário foi o item que, conforme já comentamos, mais recebeu influência da emoção, demonstrando, assim, que a conjugação desses dois elementos é muito importante no processo de conquista do ouvinte.

O resultado da pesquisa provou também a segunda parte da hipótese, que diz que a ação da emoção depende de um conjunto de aspectos da comunicação que se alternam no comportamento do orador e que atuam ora de maneira simultânea, ora de forma isolada.

Observamos que a emoção esteve presente em toda a estrutura da comunicação, na voz, no vocabulário, na expressão corporal, na retórica e nas particularidades e que, conforme tinha sido previsto, sua ação dependeu mesmo de um conjunto de aspectos, que se alternaram no comportamento do orador e que atuaram com evidência ora de maneira simultânea, ora de forma isolada.

Assim é que, ao nos determos nos aspectos que sofreram influência da emoção, poderemos constatar que, entre os 22 itens (foi excetuada a própria emoção), em 15 ela foi mencionada.

Mais uma vez reafirmamos que o estudo isolado da emoção, ou em associação com aspectos específicos da comunicação, só ocorreu para que pudéssemos avaliar sua influência em cada um deles e no processo como um todo, mas na realidade ela precisa ser observada sempre no inter-relacionamento com todos eles, mesmo que em determinadas circunstâncias sua presença não seja tão evidente.

Hipóteses secundárias

Para o problema formulado: Quais são os aspectos da comunicação mais utilizados para que o orador demonstre a sua emoção? É a voz? O vocabulário? A expressão corporal? A mensagem? A ordenação do discurso? A naturalidade? Ou a conjugação de alguns desses e de outros fatores?

A hipótese proposta foi: Os aspectos da comunicação mais utilizados para que a emoção do orador seja demonstrada são a voz e a expressão corporal.

Esse foi um aspecto surpreendente da pesquisa, pois o que parecia ser óbvio à primeira vista não se confirmou por inteiro.

Conforme tinha sido previsto pela hipótese proposta, a voz foi um dos aspectos mais utilizados para que a emoção do orador pudesse ser demonstrada.

Nas duas avaliações que mediram a presença da emoção nos diversos aspectos da comunicação, "itens da comunicação em que a emoção foi mais acentuada" e "como a emoção participou em cada aspecto da comunicação", a voz se destacou.

Na primeira avaliação, a voz foi utilizada para que a emoção do orador fosse demonstrada 21 vezes, com a seguinte distribuição em seus cinco itens:

Dicção —	01 vez
Volume —	02 vezes
Velocidade —	03 vezes
Ritmo —	13 vezes
Pausa —	02 vezes
Total —	21 vezes

Um dado que chama a atenção neste resultado é a elevada quantidade de vezes em que a emoção é demonstrada pelo ritmo da fala: foram 13 vezes, o que o destaca como o terceiro item que mais participou para demonstrar a emoção do orador entre todos os itens da comunicação.

É no ritmo, portanto, que corresponde à alternância do volume da voz e da velocidade da fala, em que a emoção mais se destaca na voz.

Na outra avaliação, "Como a emoção participou em cada aspecto da comunicação", a voz mais uma vez se destacou, sendo classificada em segundo lugar, com média de 3,6, perdendo apenas para a retórica, que obteve média de 3,75.

A expressão corporal, entretanto, que aparentemente poderia ter grande participação para que a emoção do orador pudesse ser demonstrada, não correspondeu a essa expectativa e, conseqüentemente, não confirmou a hipótese.

Na primeira avaliação, seguindo a mesma ordem anterior, a expressão corporal foi utilizada para que a emoção do orador fosse demonstrada 15 vezes, com a seguinte distribuição:

Braços e mãos —	04 vezes
Fisionomia e olhos —	11 vezes
Total —	15 vezes

O resultado obtido pela fisionomia e pelos olhos confirma a observação que transcrevemos da obra *Human communication*, que aponta a comunicação facial como a mais comunicativa do corpo.

Este resultado dá apenas o quarto lugar entre os aspectos da comunicação mais utilizados para demonstrar a emoção do orador.

Na outra avaliação, a expressão corporal também não recebeu boa classificação, ficando em último lugar entre os aspectos da comunicação que tiveram a participação da emoção com média 2,9.

Como o resultado foi surpreendente, procuramos verificar, entre os grandes oradores do país, se existia mesmo algum caso de comunicação excepcional, reconhecidamente vitoriosa, que pudesse corroborar essa informação.

Encontramos dois. Este que é considerado por muitos, principalmente no campo do Direito, o melhor orador do país, o advogado criminalista Waldir Troncoso Peres. Sua comunicação, sempre carregada de muita emoção, foi a responsável (segundo seus próprios adversários, entre eles o ex-presidente da Ordem dos Advogados do Brasil, Márcio Thomaz Bastos) pela vitória da maioria das causas que defendeu.

Analisando suas apresentações com o mesmo critério que utilizamos em nossa pesquisa para avaliação dos oradores vencedores dos concursos de oratória, podemos constatar que o famoso criminalista se projetou com uma comunicação de qualidade admirável, sem explorar na plenitude a expressão corporal.

O outro orador que, com sua comunicação, fez carreira meteórica, começando como vereador em São Paulo, passando depois a prefeito, deputado, governador e presidente da república, Jânio Quadros, embora sempre tenha apresentado muita emoção, falava às vezes com expressão corporal deficiente, especialmente quanto aos braços e às mãos.

É importante observar que tanto Waldir Troncoso Peres como Jânio Quadros, embora não utilizassem a expressão corporal da mesma maneira como se valiam dos demais aspectos, sempre demonstraram boa expressividade do semblante, fato que ajuda a confirmar o resultado da pesquisa, pois, mesmo a emoção tendo sido demonstrada neste item apenas 15 vezes, em 11 ocorreu pela fisionomia e pelos olhos.

Blota Júnior, considerado um dos maiores oradores da história do país, pode, entretanto, ser lembrado como um ótimo exemplo de perfeita expressão corporal, aliada à correta utilização do ritmo da fala, que, como vimos, se constitui em um item muito importante para demonstrar a emoção do orador.

O item da comunicação que acompanha a voz para que a emoção do orador seja demonstrada é a retórica. Nas duas avaliações que mediram a presença da emoção nos diversos aspectos da comunicação, a retórica se destacou.

Na avaliação que determinou quais os "itens da comunicação em que a emoção foi mais acentuada", a retórica foi utilizada, a exemplo da voz, 21 vezes, com a seguinte distribuição:

Assunto central —	05 vezes
Conclusão —	16 vezes
Total —	21 vezes

Um dado interessante é que a conclusão, com a utilização de 16 vezes, se classificou em segundo lugar entre todos os itens da comunicação, ficando atrás apenas da propriedade do vocabulário, com 19 vezes.

Sobre a conclusão, comentaremos mais à frente, quando falarmos da hipótese que a apontou como a parte da apresentação em que a emoção tem mais influência.

É importante destacar a coerência apresentada pelas duas avaliações, que, ao medirem dados subjetivos, classificaram a voz e a retórica como os itens que mais participaram para demonstrar a emoção do orador e como sendo os aspectos em que a emoção foi mais intensa.

Ressalva para o resultado da pesquisa, especialmente quanto à expressão corporal, de acordo com as diferentes características da recepção

No estudo que fizemos sobre a teoria da recepção, ficou claro o aspecto da interatividade que existe entre o emissor, o receptor, a mensagem e o contexto da circunstância.

Assim, mesmo com o evidente resultado demonstrado pela pesquisa a respeito da fraca participação da emoção na expressão corporal, é de se supor que, em situações diferentes desta em que os concursos de oratória se realizaram, e considerando outros temas distintos da expressão verbal, como a política, por exemplo, em ambientes abertos e platéia muito numerosa, os gestos teriam maior participação para que a emoção pudesse ser demonstrada com o objetivo de conquistar os ouvintes.

Para o problema formulado: A emoção tem mais influência quando utilizada no início da apresentação, no corpo da fala, na conclusão ou em todo o discurso?

A hipótese proposta foi: A emoção do orador tem mais influência quando utilizada na conclusão do discurso.

Essa hipótese foi confirmada com larga margem de diferença sobre as outras partes que compõem o discurso, a introdução e o assunto central.

Este resultado foi medido pela avaliação que determinou os "itens da comunicação em que a emoção foi mais acentuada", e a conclusão foi citada 16 vezes, ficando em segundo lugar entre todos os aspectos da comunicação, perdendo apenas para a propriedade do vocabulário, que obteve 19 citações, e ficando distante, portanto, do assunto central, citado cinco vezes, e da introdução, que não foi citada nenhuma vez.

Esse resultado indica que oradores que conquistam os ouvintes, como o caso dos vencedores dos concursos de oratória, concluem suas apresentações com bastante emoção.

Para o problema formulado: A emoção tem mais influência quando acentuada nos aspectos relacionados ao tema, ao próprio orador, aos ouvintes ou a outras circunstâncias?

A hipótese proposta foi: A emoção tem mais influência quando acentuada nos aspectos relacionados aos ouvintes.

Esta última hipótese não foi confirmada, ao contrário, a emoção acentuada nos aspectos relacionados aos ouvintes recebeu o último lugar na classificação.

O resultado da avaliação mostrou que a emoção foi mais acentuada nos diversos aspectos da mensagem da seguinte maneira:

Relacionados ao tema —	16 vezes
Relacionados aos ouvintes —	04 vezes
Relacionados ao próprio orador —	06 vezes
Relacionados a outros aspectos —	08 vezes

Esta é uma parte da pesquisa que precisa ser observada com muito cuidado, pois os participantes dos concursos de oratória tinham que falar sobre o tema expressão verbal, e o conteúdo, direta ou indiretamente, estava sempre associado com o próprio orador ou com os ouvintes. Assim, mesmo que não mencionassem de maneira direta os ouvintes, sempre que se referiam ao assunto, os colegas, que tinham participado do mesmo curso e enfrentado desafios semelhantes aos comentados pelos oradores, poderiam também se sentir tocados pela mensagem.

Assim, sugerimos cautela na interpretação do resultado desta parte da pesquisa, para que esses números não sejam transformados em regras.

Mais uma vez nos referimos aos conceitos da teoria da recepção, que mostra como a comunicação está envolta numa completa interatividade entre o emissor, o receptor, o assunto e o contexto. Acreditamos até que o resultado deva ser quase sempre semelhante a este apresentado pela pesquisa, mas seria muito prudente uma análise criteriosa a partir de aspectos que compõem circunstâncias diversas. O argumento favorável a esse resultado é que ele reforça a análise dos "itens da comunicação em que a emoção foi mais acentuada", que apontou a propriedade do vocabulário, que é o próprio conteúdo da apresentação, como o mais destacado.

Conclusão

Já no início do trabalho afirmávamos que desde tempos remotos os estudiosos pregam que a emoção do orador se constitui em um importante recurso para o sucesso da comunicação verbal. De fato, em todos os momentos históricos, desde Aristóteles, passando por Quintiliano, até chegarmos à época mais recente com Roman Jakobson, o uso da emoção do orador no processo de conquista dos ouvintes não foi contestado, ao contrário, foi sempre estimulado como sendo um valioso instrumento para o orador atingir seus objetivos diante da platéia.

Como também sempre comungamos dessa orientação e a repassamos, ao longo desses vinte e cinco anos, aos alunos que freqüentaram nossa escola com o objetivo de aprender a se comunicar melhor em público, julgamos importante realizar uma pesquisa que pudesse mostrar até que ponto a emoção do orador é relevante no processo de conquista dos ouvintes.

O primeiro passo para estabelecer os rumos da pesquisa foi delimitar o tema da dissertação, para que pudéssemos chegar à definição do problema mais apropriado para o assunto. O tema determinado foi "A influência da emoção do orador no processo de conquista dos ouvintes", e o principal problema identificado foi "de que maneira e em que medida a emoção do orador influencia no processo de conquista dos ouvintes".

Com o problema estabelecido, foi possível definir a hipótese que iria nortear o desenvolvimento da pesquisa — "A emoção do orador tem influência determinante no processo de conquista dos ouvintes e a sua ação depende de um conjunto de aspectos da comunicação, que se alternam no comportamento do orador e que atuam ora de maneira simultânea, ora de forma isolada".

A pesquisa realizada com vinte oradores que venceram concursos de oratória em diferentes épocas, ao longo de dez anos, procurou identificar quais foram os aspectos da comunicação que mais influenciaram para que eles se tornassem ganhadores e, principalmente, se a emoção de cada um foi fundamental para que fosse o escolhido em cada turma pelos ouvintes e para que chegasse à vitória, sem ter, entretanto, o objetivo de constituir uma amostra que apresentasse resultados que pudessem ser generalizados.

Para que a análise da comunicação dos oradores seguisse o mesmo padrão, foram estabelecidos critérios a partir de autores que se dedicaram ao estudo dos aspectos e das técnicas para falar em público.

O aspecto que exigiu pesquisa mais profunda e detalhada foi a emoção, por ser o assunto principal da dissertação e o mais complexo de todos os itens analisados.

Com base nos conceitos de Reich e Maturana, foi possível compreender a existência de um dos maiores desafios para que um observador possa identificar e avaliar a emoção do orador, pois seus estudos nos levaram a concluir que a manifestação emocional do orador tem origem na própria emoção, passa pela razão e é externada na sua maneira de transmitir a mensagem. Assim, ao comunicar a mensagem com emoção, o orador ou estaria naturalmente externando seus sentimentos, ou estaria interpretando o que efetivamente sente, ou o que desejasse que os ouvintes imaginassem que estivesse sentindo.

Essa característica da emoção se apresentou como uma das maiores dificuldades do trabalho, tanto que fomos obrigados a assistir pelo menos dez vezes às apresentações de cada um dos vinte oradores. E temos consciência, conforme alertamos antes de iniciarmos os comentários das pesquisas, de que, se outros observadores fizessem a análise das gravações, os resultados poderiam ser ainda diversos.

Uma questão que sempre nos preocupou foi o risco de, em algum momento, o trabalho parecer pouco ético, já que a expressão "conquista dos ouvintes" foi muito utilizada e poderia ser entendida como manipulação. Por isso procuramos logo no início esclarecer o nosso posicionamento e, ainda agora, na conclusão, voltamos a enfatizá-lo.

Na obra *Convite à filosofia*, Marilena Chaui, ao abordar a questão da ética, diz que:

> *Para que haja conduta ética é preciso que exista o agente consciente, isto é, aquele que conhece a diferença entre o bem e mal, certo e errado, permitido e proibido, virtude e vício. A consciência moral não só conhece tais diferenças, mas também reconhece-se como capaz de julgar o valor dos atos e das condutas e de agir em conformidade com os valores morais, sendo por isso responsável por suas ações e seus sentimentos e pelas conseqüências do que faz e sente. Consciência e responsabilidade são condições indispensáveis da vida ética.*[79]

Em todas as atividades humanas, a conduta ética precisa ser considerada, mas na arte de falar em público, que tem o poder de levar multidões a pensar e a agir de acordo com a vontade do orador, o cuidado tem de ser redobrado.

Outra dificuldade para a realização do trabalho, pela própria característica da análise de aspectos muitas vezes abstratos (apesar dos critérios previamente estabelecidos para a conceituação de cada um), diz respeito ao grau de subjetividade do pesquisador, cujo envolvimento poderia comprometer o resultado.

Sabe-se, entretanto, que, por mais que possa desejar, o pesquisador não se distancia do seu objeto — por sua experiência, sua formação, seu próprio mundo interior, ele estará sempre comprometido com o resultado. Na nossa pesquisa, o envolvimento também ocorreu, pois, como alertamos, ao analisar a comunicação de cada orador, estavam presentes também todos esses anos em que nos dedicamos a essa atividade de avaliar diariamente as pessoas quando estão falando em público. A maneira de agir do pesquisador não se limita, pois, à objetividade, ao contrário, sua atuação está sempre impregnada de fatores subjetivos. Como disse Morin,

---

79. Marilena Chaui, *Convite à filosofia*, p. 337.

Agora o que se passa efetivamente é que as regras do jogo científico se aplicam muito mais dificilmente ao domínio antropossocial, não somente por causa da complexidade dos objetos, mas também por causa da relação sujeito-objeto, em que o objeto é também sujeito, e a grande dificuldade é auto-objetivar-nos.[80]

Quanto à emoção, especificamente, que foi a verdadeira razão deste trabalho, de todas as considerações a seu respeito, uma que nos chamou a atenção de maneira especial foi a afirmação de Reich: "*o organismo possui uma linguagem expressiva própria, antes de, para além de, e independentemente de toda a linguagem verbal*". Essa característica demonstra que a emoção do orador poderá ser sentida, observada, mas jamais explicada ou dominada no seu entendimento. Poderá ser sentida porque ao ser externada pelo orador a própria emoção do ouvinte é tocada no processo de emocionar. Poderá ser observada porque sua manifestação é evidente e, quando não simulada ou camuflada pelo comportamento consciente, pode ser facilmente identificada. Jamais poderá ser explicada ou dominada, porque, possuindo uma linguagem expressiva própria e estando "antes de, para além de, e independentemente de toda a linguagem verbal", que seria a responsável por descrevêla, sempre escapará dos limites das palavras.

Ao concluir esta dissertação e analisar os resultados da pesquisa realizada com os vinte oradores que venceram os concursos de oratória, temos a sensação de ter realizado um trabalho que precisava mesmo ser feito. Não que a pesquisa tenha apresentado informações muito surpreendentes, ao contrário, a quase totalidade dos resultados já tinha sido prevista nas hipóteses iniciais do trabalho, mas o fato de poder confirmar conceitos que há muitos anos são recomendados pela esmagadora maioria dos autores, inclusive por nós, nas nossas aulas e nas obras que publicamos, nos dá a esperança e a quase certeza de

---

80. Edgar Morin, *A inteligência da complexidade*, p. 185.

que o grande objetivo desta dissertação poderá ser atingido — ser útil à sociedade.

Seria mesmo inconcebível que alguém pudesse dedicar anos de estudo, pesquisa e trabalho para apresentar numa dissertação acadêmica sugestões que não servissem para ajudar a edificar e melhorar a vida das outras pessoas.

Possibilitar que a comunicação seja mais eficiente é poder tornar o homem melhor, é colocar-nos no mundo. E podemos acrescentar ainda que, se soubermos nos comunicar melhor, poderemos participar desse mundo de maneira mais intensa e mais completa. O próprio Maturana, a quem recorremos ao longo deste estudo, compartilha dessa opinião ao dizer que *"a existência humana só se realiza na linguagem"*.[81] E, mais uma vez, reafirmamos que, se essa linguagem, essa comunicação, for de melhor qualidade, também nós poderemos existir como seres humanos melhores. Embora incontáveis elementos influenciem a nossa qualidade de vida, temos na comunicação a chave que nos permitirá abrir as portas da existência que desejamos ter.

O resultado deste trabalho jamais poderá ser considerado definitivo, pois a sociedade é muito dinâmica e os aspectos considerados importantes para a recepção, nessa interatividade com o emissor e o contexto, que analisamos durante a dissertação, poderão ser alterados com o tempo, e o que hoje pode ser fundamental para a conquista dos ouvintes e o sucesso do orador, amanhã poderá receber avaliação diversa. Mesmo agora, em outras circunstâncias, o resultado poderia ser modificado.

Mas é exatamente essa inconstância, essa ausência de perenidade, que torna a arte de falar em público tão fascinante. Alguém, para se assenhorear dela, se é que esse objetivo pudesse ser mesmo atingido, precisa constantemente, com paciência, dedicação e mente aberta, cultivá-la, estudá-la, praticá-la e compreender as sutilezas das suas transformações.

---

81. Humberto Maturana, *A ontologia da realidade*, p. 170.

Outros estudos poderão ser realizados a partir dos resultados desta pesquisa, para que possam ser ainda mais aprofundados ou comparados com eles em circunstâncias diferentes dessas de que nos valemos.

Esperamos sinceramente que este trabalho possa ser útil a muitas pessoas, ou pelo seu resultado em si, ou por servir de base e de reflexão para outros estudos.

(...)
E assim nas calhas de roda
Gira, a entreter a razão,
Esse comboio de corda
Que se chama coração.[82]

82. Fernando Pessoa, *Obra poética*, p. 165.

BIBLIOGRAFIA

ALTHUSSER, Louis. "Ideologia e aparelhos ideológicos de Estado". In: *Um mapa da ideologia*. Rio de Janeiro: Contraponto, 1996.

ARISTÓTELES. *Arte retórica e arte poética*. Trad. Antônio Pinto de Carvalho. Rio de Janeiro: Tecnoprint, s.d.

BARBOSA, Osmar. *A arte de falar em público*. Rio de Janeiro: Tecnoprint, s.d.

BARROS, Laan Mendes de. "Texto e contexto: a presença do estruturalismo nos estudos da recepção". In: *Nexos* — Revista de estudos de comunicação e educação. São Paulo, 2: 53, 1º semestre/ 1998.

BARTOLO, Ignácio Di. *Como hablar en público:* manual de oratoria contemporánea. Argentina: Corregedor, 1990.

BAUDRILLARD, Jean. *A sociedade de consumo*. Lisboa: Edições 70, 1991.

————. *Simulacros e simulação*. Lisboa: Relógio N'água, 1991.

BENNET, Millard, CORRIGAN, John D. *O sucesso pela comunicação*. Trad. Marcílio Cláudio Barbosa. Rio de Janeiro: Record [ca. 1978].

BORGES DE FIGUEIREDO, A. Cardoso. *Instituições elementares de rhetórica*. 7. ed. Coimbra: J. Augusto Orcel, 1870.

BRIQUET, Raul. *Palestras e conferências*. São Paulo: Do autor [ca. 1950].

CALDEIRA, Jorge. *Mauá — empresário do Império*. São Paulo: Cia. das Letras, 1997.

CARVALHO, Francisco F. de. *Lições elementares de eloqüência nacional*. Rio de Janeiro: Em casa D'Eduardo Laemmert, 1834.

CASTLE, Dennis, WADE, John. *Falar em público*. Trad. Maria Adelaide Namorado Freire. Lisboa: Presença, 1990.

CEGALLA, Domingos Paschoal. *Novíssima gramática da língua portuguesa*. 36. ed. São Paulo: Nacional, 1993.

CHALHUB, Samira. *Funções da linguagem*. 11. ed. São Paulo: Ática, 2000.

CHAUI, Marilena. *Convite à filosofia*. São Paulo: Ática, 1999.

COHEN, Jean et al. *Pesquisas de retórica*. Trad. Leda Pinto Mafra Iruzun. Petrópolis: Vozes, 1975.

CRUZ, Maria Thereza. "A estética da recepção e a crítica da razão impura". In: *Comunicação e linguagens*. Lisboa: Centro de estudos de comunicação e linguagens, 1986.

D'ARAUJO, Ignez Barreto Correia. *Oratória eficiente hoje*. Rio de Janeiro: Agir, 1974.

DEBORD, Guy. *A sociedade do espetáculo*. Lisboa: Edições Mobilis in Móbile, 1991.

DRUMMOND DE ANDRADE, Carlos. *Obra completa*. Rio de Janeiro: Cia. José Aguilar, 1967.

FREITAG, Bárbara. A *teoria crítica:* ontem e hoje. 5. ed. São Paulo: Brasiliense, 1994.

GOLDENBERG, Mirian. *A arte de pesquisar:* como fazer pesquisas qualitativas em ciências sociais. Rio de Janeiro: Record, 1997.

GRONBECK, Bruce E. *Principles of speech communication*. 12. ed. New York: Harper Collins, 1995.

HAUG, Wolfang F. *Crítica da estética da mercadoria*. São Paulo: Unesp, 1997.

HIRATO, Sedi (org.). *Pesquisa social — projeto e planejamento*. 2. ed. São Paulo: T. A. Queiroz, 1988.

HOLENSTEIN, Elmar. *Introdução ao pensamento de Roman Jakobson*. Rio de Janeiro: Zahar, 1978.

HONORATO, Manoel C. *Synopse de eloqüência nacional*. Rio de Janeiro: Americana, 1869.

JAKOBSON, Roman. *Lingüística e comunicação*. Trad. Izidoro Blikstein e José Paulo Paes. 10. ed. São Paulo: Cultrix, s.d.

KAFKA, Franz. *O processo*. São Paulo: Cia. das Letras, 1997.

KARLINS, Marvin, ABELSON, Herbert. *Persuasão — como modificar opiniões e atitudes*. Trad. Leda Maria Maia. Rio de Janeiro: Civilização Brasileira, 1971.

KUSHNER, Malcolm. *Successful presentation for dummies*. Foster City: IDG Books, 1997.

MAJORANA, Ângelo. *A teoria da eloqüência*. Trad. Fernando de Miranda. São Paulo: Saraiva, v. 2, 1945.

MARTÍN-BARBERO, Jesús. "A América Latina e os anos recentes: o estudo da recepção em comunicação social". In: *Sujeito, o lado oculto do receptor.* São Paulo: Brasiliense, 1995.

MATURANA, Humberto. *A ontologia da realidade*. Belo Horizonte: UFMG, 1999.

MEHRABIAN, Albert. *Apud* RIVLIN, Robert, GRAVELLE, Karen. *Deciphering the senses*: The expanding world of human perception. New York: Simon & Schuster, 1984.

MOONEY, Alfredo. *La oratoria*. Córdoba: Alveroni, 1992.

MORIN, Edgar, LE MOIGNE, Jean-Louis. *A inteligência da complexidade*. Trad. Nurimar Maria Falci. São Paulo: Fundação Petrópolis, 2000.

NIERENBERG, Gerard I., CALERO, Henry H. *How to read a person like a book*. 6. ed. Welling Borough: Thorsons, 1986.

NUZZI, Erasmo de F., BARROS FILHO, Clovis de. *Globalização, mídia e ética*. São Paulo: Pleide, 1998.

OSBORNE, John W. *Aprenda a falar bem e impulsione sua carreira*. Trad. Eliana Carvalho. São Paulo: Nobel, 1996.

PERELMAN, Chaim, OLBRECHTS-TYTECA, Lucie. *Tratado da argumentação: a nova retórica*. São Paulo: Martins Fontes, 1996.

PERES, Waldir Troncoso. In: POLITO, Reinaldo. *Como se tornar um bom orador e se relacionar bem com a imprensa*. 6. ed. São Paulo: Saraiva, 1999.

PESSOA, Fernando. *Obra poética*. 3. ed. Rio de Janeiro: Nova Aguilar, 1994.

PIGNATARI, Décio. *Informação, linguagem, comunicação*. 11. ed. São Paulo: Cultrix, 1993.

QUINTEIRO, Eudosia Acuña. Os atores de teatro falam de suas vozes. In: *Voz profissional:* o uso profissional da voz. Carapicuíba: Pró-fono, 1995.

QUINTILIANO, M. Fábio. *Instituições oratórias*. Trad. Jerônimo Soares Barbosa. São Paulo: Cultura, v.1 e v.2, 1944.

REBOUL, Olivier. *Introdução à retórica*. Trad. Ivone Castilho Benedetti. São Paulo: Martins Fontes, 1998.

REICH, Wilhelm. *Análise do caráter*. São Paulo: Martins Fontes, 1988.

ROQUETE, J. I. *Manual de eloqüência sagrada*. Paris: Guillard e Aillaud, 1878.

RUIZ, João Álvaro. *Metodologia científica*: guia para eficiência nos estudos. 4. ed. São Paulo: Atlas, 1996.

SEVERINO, Antônio Joaquim. *Metodologia do trabalho científico*. 21. ed. Ver. e ampl. São Paulo: Cortez, 2000.

SILVEIRA BUENO, Francisco. *A arte de falar em público*. 8. ed. São Paulo: Saraiva, 1964.

SOUZA, Mario Wilton de (org.). *Sujeito, o lado oculto do receptor*. Trad. Silvia Cristina Dotta e Kiel Pimenta. São Paulo: Brasiliense, 1995.

SPENCE, Gerry. *Como argumentar e vencer sempre*. Trad. Luiz Euclydes Trindade Frazão Filho. Rio de Janeiro: Campus, 1997.

STUART, Cristina. *Técnicas básicas para hablar en público*. Madrid: Deusto, 1990.

TIMM, Paul R., STEAD, James A. *Communication skills for business and professions*. New Jersey: Prentice Hall, 1996.

TRINGALI, Dante. *Introdução à retórica*: a retórica como crítica literária. São Paulo: Duas cidades, 1998.

TUBBS, L. Stewart, MOSS, Sylvia. *Human communication*. 5. ed. New York: Random House, 1987.

VALLEJO-NÁGERA, Juan Antonio. *Aprender a hablar en público hoy*. 10. ed. Barcelona: Planeta, 1990.

VALVERDE, Monclar. Recepção e sensibilidade. In: *Coletânea — Mídias e recepção*. São Leopoldo: Compós (Unisinos), maio de 2000, p. 154-155.

VIANA, Mario Gonçalves. *A arte de falar em público*. Porto: Editorial Domingos Barreira [c.a. 1950].

WEISS, Donald. *Como falar em público*: técnicas eficazes para discursos e apresentações. Trad. Marta Mortara. São Paulo: Nobel, 1991.

Anexos

Anexo 1

Funções da linguagem

Jakobson, em *Lingüística e comunicação*, propõe seis funções da linguagem: referencial, emotiva, conativa, fática, poética e metalingüística.

Antes de conceituar cada uma das funções, o autor apresenta um esquema dos fatores envolvidos na comunicação verbal. É a partir desses fatores que as funções serão determinadas:

Contexto
Mensagem
Remetente ________________________ Destinatário
Contato
Código

A partir da identificação desses fatores, o lingüista russo apresenta as funções da linguagem, que são determinadas:

Referencial
Poética
Emotiva ________________________ Conativa
Fática
Metalingüística

Chalhub, em *Funções da linguagem*, apresenta um esquema prático para explicar a correspondência entre os fatores e as funções da linguagem:[1]

1. Samira Chalhub, *Funções da linguagem*, p. 6.

Ênfase no fator	Determina	Função da linguagem
Referente	______________	Função Referencial
Emissor	______________	Função Emotiva
Receptor	______________	Função Conativa
Canal	______________	Função Fática
Mensagem	______________	Função Poética
Código	______________	Função Metalingüística

Resumidamente, os conceitos de cada uma das funções da linguagem são:

Função referencial

Determinada a partir do fator referente, nos municia para a comunicação do dia-a-dia, pois permite nos referirmos diretamente ao significado dos objetos.

Jakobson diz que "existe um pendor para o referente, uma orientação para o contexto — em suma, a chamada função referencial, denotativa (relação mais direta entre o termo e o objeto)[2], "cognitiva" (linguagem figurada).[2]

Função emotiva

A esta função já nos referimos no corpo da dissertação, usando a explicação do próprio Jakobson:

> *A chamada função emotiva ou "expressiva", centrada no remetente, visa a uma expressão direta da atitude de quem fala em relação àquilo de que está falando. Tende a suscitar a impressão de uma certa emoção, verdadeira ou simulada; por isso o termo "função*

2. Interpretação dada por Samira Chalhub, em *Funções da linguagem*, p. 9.

emotiva", proposto e defendido por Marty, demonstrou ser preferível à emocional. O estrato puramente emotivo da linguagem é apresentado pelas interjeições.[3]

Função conativa

A quem se destina a mensagem — receptor. Voltada para aquele que recebe a mensagem, também pode ser compreendida como um chamamento da atenção, em que o emissor se faz notar pelo receptor.

Sua característica primordial está no imperativo e no vocativo.

Função fática

São os sons produzidos sem finalidade específica, a não ser para estimular, prolongar ou cortar a comunicação com o objetivo de testar o funcionamento do canal, como, por exemplo: "Você está compreendendo? Entende?"

Geralmente vêm no início da apresentação como em uma espécie de ritual de aquecimento: *Bem, bom, ããã*.

Enquadram-se na função fática certas expressões usadas no dia-a-dia, tidas como tiques ou vícios, como os conhecidos *né?, tá?*

Jakobson comenta que esta *"é a primeira função verbal que as crianças adquirem; elas têm tendência a comunicar-se antes de serem capazes de enviar ou receber comunicação informativa"*.[4]

Função metalingüística

Esta função da linguagem se apresenta nas situações em que o emissor e/ou o receptor necessitam se certificar de que estão usando o mesmo código para se comunicar.

---

3. Roman Jakobson, *Lingüística e comunicação*, p. 124.
4. Idem, *Lingüística e comunicação*, p. 127.

É usada a função metalingüística, por exemplo, quando alguém verifica se o seu interlocutor está acompanhando a seqüência do seu pensamento: *"Você está acompanhando o meu raciocínio?"*.

Em época mais ou menos recente, quando a imprensa divulgou as gravações telefônicas das autoridades envolvidas nos programas de privatização, houve muitas pessoas que criticaram a maneira como as conversas se realizaram. Diziam que aquelas trocas de "grunhidos" não passavam de besteira de quem não sabia conversar, pois afirmavam que ninguém poderia se entender com aqueles *"e aí?", "tudo bem?", "e então?", "tá tudo certo", "ah, então tá".*

Aparentemente são expressões sem nenhuma significação, mas, na realidade, são códigos que permitem a compreensão de mensagens que estão presentes no contexto, embora não sejam verbalizadas.

Quando um deles perguntava "*e aí?*" poderia estar utilizando um código — e provavelmente estava — que possibilitava verificar uma mensagem com sentido completo. Poderia, por exemplo, ao dizer "e aí?", estar querendo dizer "você falou com a empresa interessada em participar do leilão?". Ao receber a resposta "tudo bem", poderia interpretar como "sim, eu falei com os responsáveis pela empresa interessada no leilão". Continuando o diálogo, "e então?", poderia querer transmitir "eles manifestaram interesse em dar o lance que estamos querendo?", e ao receber a resposta "tudo certo", poderia entender "manifestaram interesse", e ao ouvir "ah, então tá", poderia interpretar "muito bem, já que eles vão participar, posso falar com os outros interessados e forçar mais o preço".

Função poética

Segundo Jakobson, a função poética da linguagem ocorre quando existe *"o pendor para mensagem como tal, o enfoque da mensagem como tal, o enfoque da mensagem por ela própria".*[5]

5. Roman Jakobson, *Lingüística e comunicação*, p. 127.

Explica ainda o autor, ao responder às questões levantadas por ele mesmo:

> *Qual é o critério lingüístico empírico da função poética? Em particular, qual é a característica indispensável, inerente a toda obra poética? Para responder a esta pergunta, devemos recordar os dois modos básicos de arranjo utilizados no comportamento verbal, seleção e combinação. Se "criança" for o tema da mensagem, o que fala seleciona, entre os sons existentes, mais ou menos semelhantes, palavras como criança, guri(a), garoto(a), menino(a), todos eles equivalentes entre si, sob certo aspecto e então para comentar o tema, ele pode escolher um dos verbos semanticamente cognatos — dorme, cochila, cabeceia, dormita. Ambas as palavras escolhidas se combinam na cadeia verbal. A seleção é feita em base de equivalência, semelhança e dessemelhança, sinonímia e antonímia, ao passo que a combinação da seqüência se baseia na contigüidade.* ***A função poética projeta o princípio de equivalência do eixo de seleção sobre o eixo de combinação*** *(grifo do autor). A equivalência é promovida à condição de recurso constitutivo da seqüência.*[6]

6. Roman Jakobson, *Lingüística e comunicação*, p. 129 e 130.

Anexo 2

CURSO DE EXPRESSÃO VERBAL

FICHA DE AVALIAÇÃO PARA O CONCURSO DE ORATÓRIA - "MELHOR ALUNO"

AS NOTAS SERÃO DADAS DE (0) ZERO A (10) DEZ, OBSERVANDO SEMPRE O ITEM CONTEÚDO, CONSIDERADO O MAIS IMPORTANTE

NOME	SIMPATIA PESSOAL	POSTURA	GESTICU-LAÇÃO	COMUNICA-ÇÃO VISUAL	EMOÇÃO	FLUÊNCIA VERBAL	CONTEÚDO	TOTAL

Ficha de avaliação elaborada pelo Prof. Reinaldo Polito - Reservado o Direito de Utilização para Ensino

ÍNDICE ONOMÁSTICO

Vídeos com apresentações de alguns oradores

No site www.editorasaraiva.com.br/edig/index.html você poderá assistir aos vídeos dos oradores D, F, G, K, L, M, P, Q e T, integrantes da dissertação apresentada à banca julgadora da Faculdade de Comunicação Social Cásper Líbero, como exigência parcial para obtenção do título de mestre em comunicação e mercado, cujo orientador foi o Prof. Dr. Laan Mendes de Barros.

Selecionamos as apresentações de alguns dos oradores mais representativos, especialmente pela diversidade das suas características. Elas constituem um rico material para estudantes e pesquisadores que tenham necessidade de expor oralmente trabalhos escolares, dissertações de mestrado ou teses de doutorado, assim como para gerentes, diretores, consultores e profissionais de todas as atividades que necessitem fazer apresentações orais.

Você poderá assistir às apresentações dos oradores apenas para verificar qual foi o material utilizado na pesquisa, ou, se desejar, para fazer exercícios de análise e observação. Essa observação técnica da comunicação será muito útil para que você possa desenvolver a habilidade de identificar rapidamente o nível de sua expressão verbal e o de outros oradores.

Se decidir fazer os exercícios, ou propô-los como treinamento para seus alu-

nos ou orientandos, a sugestão é que, em um primeiro momento, sejam estudados os critérios para atribuição de conceitos de cada aspecto da comunicação separadamente. Em seguida, que seja analisado, na apresentação dos oradores, cada aspecto selecionado. Ao realizar essa análise com cada aspecto separadamente, será mais simples, no final, fazer, simultaneamente, a avaliação de todos eles.

A análise poderá ser realizada mentalmente ou anotada em uma ficha de avaliação semelhante à que está no anexo 2.

No final, depois de concluído o trabalho de análise, você pode compará-lo com as avaliações do autor e, no caso de haver divergências acentuadas, verificar, a partir do referencial teórico, quais os motivos dessas diferenças.

Sendo possível o trabalho com um grupo, a análise das divergências poderá ser ainda mais estimulante e produtiva.

Para visualizar os vídeos dessa página é preciso instalar o software gratuito RealPlayer Basic. Se você não tiver esse aplicativo em seu computador, há uma indicação na própria página para fazer o download do programa.

Conheça o site de Reinaldo Polito

www.polito.com.br

Veja o que você encontrará ao navegar por esse site:

Testes

Com os testes elaborados pelo Prof. Reinaldo Polito, você terá a oportunidade de avaliar a sua comunicação nas mais diferentes situações — falando, ouvindo ou tendo que persuadir as pessoas. Em cada circunstância você encontrará, com o resultado obtido, um conjunto de sugestões para que possa se orientar no aprimoramento da sua comunicação.

Artigos do Professor Reinaldo Polito

Os artigos produzidos pelo Prof. Reinaldo Polito foram escritos com base nas suas pesquisas e nos longos anos em que atua como professor de expressão verbal.

Cada artigo aprofunda assuntos específicos da comunicação, desde técnicas para apresentações diante de grandes platéias, até sugestões para aprimorar o relacionamento com as pessoas no dia-a-dia.

Todos os temas são tratados de maneira simples e muito bem-humorada, para que você possa pesquisar, refletir, aprender e sentir prazer com a leitura.

Dicas de Reinaldo Polito para falar melhor

As dicas elaboradas pelo Prof. Reinaldo Polito apresentam a essência dos aspectos mais importantes da expressão verbal. Todos os conceitos relevantes da comunicação relacionados à arte de falar em público, ao medo de falar e até de como se relacionar com pessoas do sexo oposto são tratados de maneira simples e, ao mesmo tempo, com a profundidade requerida pela importância do tema.

Relação de clientes

Relação de empresas e personalidades que já utilizaram os cursos de Reinaldo Polito.

Reinaldo Polito na imprensa

As reportagens feitas com o Prof. Reinaldo Polito, nos mais importantes órgãos da imprensa, cobrem diferentes aspectos da comunicação e esclarecem questões sobre o planejamento do discurso, o medo de falar em público, a voz, o vocabulário, a expressão corporal, o uso de recursos audiovisuais, a fala de improviso, a leitura, as técnicas de entrevistas para o rádio e a televisão, o uso de roteiros, cartões de notas, o relacionamento interpessoal, as técnicas de persuasão e tantos outros assuntos relevantes da arte de falar.

Professor Reinaldo Polito

Conheça os livros do professor Reinaldo Polito

Agenda

Aqui você saberá a data, o local e a forma de participar dos cursos de expressão verbal e das palestras do Prof. Reinaldo Polito em todo o país. Encontrará também informações sobre entrevistas, seções de autógrafos e todos os eventos que contam com a presença dele. Você que reside fora do Estado de São Paulo e que por isso tem dificuldade para participar de um dos nossos cursos (consulte sempre a seção de cursos para verificar qual deles atende as suas necessidades) fique atento para saber quando haverá um curso ou palestra próximo da sua região. Também poderá enviar um e-mail com o seu endereço para que possamos avisá-lo quando estaremos na sua região.

Nesse site você poderá obter ainda informações sobre os diversos cursos ministrados pelo Prof. Reinaldo Polito; treinamentos particulares ou em empresas; aperfeiçoamento; palestras etc.